跟着 一则 游世界

经典南欧

阎政 著

古吴轩出版社

中国·苏州

图书在版编目（CIP）数据

经典南欧 / 阎政著. — 苏州 : 古吴轩出版社，
2017. 7
（跟着一则游世界）
ISBN 978-7-5546-0957-6

Ⅰ. ①经… Ⅱ. ①阎… Ⅲ. ①旅游指南—南欧 Ⅳ.
①K954.09

中国版本图书馆CIP数据核字（2017）第161788号

责 任 编 辑：韩　珏
装 帧 设 计：戴玉婷
责 任 校 对：陆月星
责 任 印 刷：李雪莹
摄　　　影：阎　政　焦小澄
手　　　绘：戴玉婷　韩　珏
　　　　　　王　旖　张雨蕊

书　　　名：经典南欧
著　　　者：阎　政
出 版 发 行：古吴轩出版社
　　　　　地址：苏州市十梓街458号　　　邮编：215006
　　　　　Http://www.guwuxuancbs.com　E-mail: gwxcbs@126.com
　　　　　电话：0512-65233679　　　　　传真：0512-65220750
出 版 人：钱经纬
印　　　刷：苏州日报印刷中心
开　　　本：787×1092　1 / 16
印　　　张：11.75
版　　　次：2017年7月第1版　第1次印刷
书　　　号：ISBN 978-7-5546-0957-6
定　　　价：120.00元

如有印装质量问题，请与印刷厂联系。0512-65640827

自从去年在古吴轩出版社领导和编辑们帮助下出版了游记《深度东欧》，许多同事、朋友又在催促我的下一本游记。说实在的，我在旅游网站上发的游记，一边走、一边写的帖子，还真不少。网上图片、文字不受限制，文责自负，但是要整理成书，篇幅受到限制，文字内容要符合出版要求，工作量大，时间精力耗费多，一度打算不出书了。无奈老友们一再鼓励，加上我附庸风雅的心境，也就继续完成第二本游记吧。

早些年那段东欧旅游的经历大部分是自由行，备行程、做攻略，相对比较深度。近两年几位老朋友、老同事纷纷加入，再搞自由行就有些困难了，尤其是几十号人同行，机票、车票、旅馆、饮食等无法自己解决，我们只能组团或者跟团游了，这样游记也就写得不那么深度了。因此，本册书就重点介绍一些经典的旅游景点。我的旅游还是不忘初衷，看自然景观，略抒感慨，看人文景观，要了解历史人物、发生事件、联系现实，不免又要犯"忌"。好在有编辑把关，手下留情，否则我的游记也就没什么看头了。

目 录 >>>

希 腊

西班牙 葡萄牙

南 法

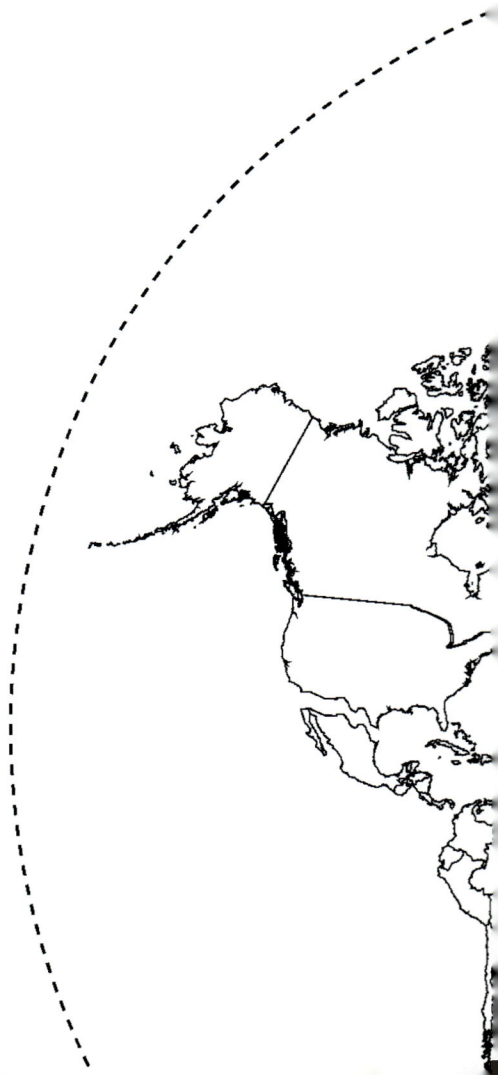

希腊

　　早春二月，渴望已久的南欧旅行终于从希腊开始了。古希腊文明和爱琴海风光闻名遐迩，去观光的冲动自不在话下。近年来希腊债务危机几乎成了热点话题，有着希腊共青团背景的新总理齐普拉斯一月份刚刚竞选上台，我的"红色旅游"情结油然而生。

　　希腊旅游有两个亮点，一是古希腊文明的历史遗迹，一是爱琴海的美丽风光，由此雅典和圣托里尼就是必到之处了。

一则说说

雅典

　　雅典是希腊首都，也是世界上最古老的城市之一，有记载的历史就长达3000多年。希腊四分之一的人口居住在这里。雅典是古希腊文明的瑰宝，西方有记载的文学艺术也是从雅典开始的。

　　雅典重要的景点都在步行距离之内：奥林匹克竞技场（Panathenaic Stadium，帕纳辛奈科体育场又名泛雅典运动场）是我们观光的起点。1896年第一届现代奥林匹克运动会在这里举行，一百多年之后的2004年，规模空前的第28届夏季奥运会又来到这里。

　　希腊是奥林匹克运动会的发源地。古希腊人把体育竞赛看作是祭祀奥林匹斯山众神的一种节日活动。公元前776年，在距离雅典约300公里的伯罗奔尼撒半岛西部的奥林匹亚村举行了人类历史上最早的运动会。现在每4年一次的奥运圣火还要在那里点燃。

卫城山俯瞰雅典城

奥林匹克竞技场

扎皮翁宫

　　扎皮翁宫（Zappeion Hall）百年前希腊籍富商埃万杰洛斯·扎帕斯在1865年去世时，留下了一笔巨额财富，指定用于在雅典兴建永久性体育设施，恢复帕纳辛奈科体育场，用于举办未来的奥林匹克运动会。此外，他还指定兴建以他姓氏命名的扎皮翁宫，作为赠送首届奥运会的礼物。扎皮翁宫曾作为1896年首届夏季奥运会的击剑馆以及2004年夏季奥运会组委会新闻会展中心。

哈德良拱门

老兵在无名战士纪念碑前合影

　　古希腊是西方文明的发源地，对欧洲及世界文化产生过重大影响，自古有"西方文明的摇篮"之美誉。哈德良拱门（Hadrian's Arch）是出镜率极高的雅典标志性建筑。它是由罗马皇帝哈德良建造的凯旋门，距今已有2000多年的历史了，现在也是进入雅典大门的象征，而其正后方就是著名的奥林匹亚宙斯神殿遗址。

　　宙斯是希腊神话的众神之王，这个神殿也曾是希腊最大的神殿。曾经由104根气势非凡的"科林斯"式立柱组成的神殿，现只剩下15根了。雕刻如此精美的2000多年前的擎天长柱，今天看上去依然让人感到震撼。据说公元前86年，罗马军队攻占雅典，破坏了尚未完成的奥林匹亚宙斯神殿，将一部分石柱和其他建材拆下来之后运到罗马，今天在罗马市中心的古罗马广场遗址上还能看见它们。古希腊人的石雕建筑艺术水平令人叹为观止。

奥林匹亚宙斯神殿遗址

宪法广场及无名战士纪念碑在雅典市中心，为纪念1834年颁布的宪法取名为宪法广场。无名战士纪念碑位于希腊议会大厦前的宪法广场上，纪念在摆脱土耳其400年统治的独立战争中捐躯的希腊无名英雄。

墓碑上的雕像是战士，头戴盔甲，手执盾牌，卧于疆场。纪念碑前，头戴红帽，肩披巾饰，身穿宽摆衣裙，脚蹬线球靴子这样古典式军服的卫兵肃立守卫。每到正点，卫兵以独特优雅的步伐巡行在墓前，精彩的卫兵换岗仪式，吸引着众多观光客。

希腊的国家格言是"不自由毋宁死"。希腊国旗蓝白两色的九个长条代表着这句格言，因为这句格言用希腊文表示共有九个音节。

雅典科学院、雅典大学以及雅典国家图书馆，这些代表希腊历史文化知识的殿堂都挨在一起。雅典科学院主楼前有两座立柱雕像分别是智慧与正义女神雅典娜和光明与艺术的保护神阿波罗，还有两座人物坐像分别是苏格拉底和柏拉图。

在希腊神话中，智慧女神雅典娜与海神波塞冬为争夺雅典的保护神地位，僵持不下。后来，主神宙斯决定：谁能给人类一件有用的东西，城就归谁。海神赐给人类一匹象征战争的壮马，而智慧女神雅典娜献给人类一棵枝叶繁茂、果实累累、象征和平的油橄榄树。人们渴望和平，不要战争，最终这座城归女神雅典娜所有。从此，她成了雅典的保护神，雅典因之得名。

希腊是西方哲学的发源地。古希腊诞生了苏格拉底、柏拉图、亚里士多德等公元前的"智者"，三人并称为"希腊三贤"，给人类留下了早期的哲学思想和科学探索。

阿波罗

柏拉图是一个非常有影响力的古希腊哲学家，他受教于苏格拉底，并教导了亚里士多德，最著名的作品《理想国》，描绘了他幻想的"完美"国家。他也编写了《律法》和《柏拉图对话录》等著作，内容涉及物理学、哲学、文学、生物学、动物学、逻辑学、政治学以及伦理学。

古希腊文明持续了约650年（前800年—前146年），对西方文明产生重要影响。希腊字母是世界上最早有元音的字母，今天也被广泛使用于数学、物理、生物、天文等学科。我们医学常用希腊字母α、β、γ代表放射线，还有常见的Δ代表三角形、π圆周率以及字母Ω（欧米伽）等。现代年轻人开始流行的所谓"星座"，也是来自于希腊神话的十二星座。

回到市中心，宪法广场正对着的厄鲁姆（Ermou）大街是雅典最著名的商业步行街，沿街走到蒙纳斯提拉奇广场也就几百米，其周边现代与古典交融的建筑，交错狭窄的老街，餐厅咖啡馆与远古的残垣断壁，零乱的市井，恍如时光倒流，然而这却是雅典平民的生活状态。要采购些希腊风情的纪念品，这里是最佳的选择。

厄鲁姆步行街

广场周边还有雅典民间工艺博物馆（Museum of Greek Folk Art）和传统陶瓷清真寺（Mosque of Traditional Pottery）等历史遗迹。不远处就是著名的"卫城遗迹"。

希腊还是西方民主政治的摇篮。据记载，古希腊的民主政治制度是古代人类对直接民主制度最早的尝试，产生了深远影响。公元前6世纪到公元前4世纪时期是古希腊的全盛时期，城邦繁荣发展，工商业日益发达，并建立了奴隶主民主制。这个时期的雅典不设国王，最高权力机构是公民投票产生"公民大会"，共同对国家事务进行商议。在现代西方语言里，如英语中的"民主"一词"democratic"，是从古希腊语的"demokratia"一词演变而来，意为"人民的管理"。

在雅典，漫步在市中心的各个角落，举头可见世界文化遗产——雅典卫城。海拔156米的卫城山（Acropolis），古希腊建筑的巅峰之作，被誉为"世界七大奇迹"之一。

雅典卫城入口"山门"

卫城由山门、巴特农神庙、胜利女神雅典娜像、伊瑞克提翁神庙、戴奥尼索斯露天剧场等组成，是祭奠古希腊众神的城中城。据考证，早在公元前2800年，这里已经有人居住，这座山城东西长280米，南北最宽处130米，地势险峻，仅在西面有一上下出入的通道，可谓"一夫当关，万夫莫开"，成为后来的雅典王宫和祭奠神坛。

巴特农神庙

巴特农神庙是卫城最大也最具代表性的神庙建筑遗址，建于公元前447年。在经历了两千多年的风风雨雨之后，神庙只剩下一片断垣残壁和大体的轮廓了。考古和修复工作一直在进行着，联合国教科文组织以及其他基金会提供经费资助。

伊瑞克提翁神庙

伊瑞克提翁神庙也是非常著名的建筑遗址，最为突出的是六尊女神像，经过两千多年风雨侵蚀依然栩栩如生，展现出古希腊雕刻艺术的精湛。

旅游业是希腊的支柱产业，占GDP及外汇收入的很大一部分，卫城遗址功不可没。近百年来，希腊乃至世界上其他国家和组织都不断地出资进行考古发掘、维修保护现存的建筑物遗址。

据说每年还会在卫城两座古剧场之中规模较小的一座举办音乐会。

另一座规模更大的露天剧场"戴奥尼索斯剧场"已经是衰败模样了。在感叹希腊灿烂历史文明的同时，也为当今希腊在世人面前尴尬的表现而感到困惑。我也在想，具有这么多灿烂历史和先进文化的希腊，今天却陷入了由债务危机引发全球质疑希腊人道德的危机。看来一个国家光有民主自由的制度，一个民族只有道德精神的高度，却没有经济基础，没有科学技术，也是不行的。

卫城古剧场

戴奥尼索斯剧场

参观了雅典，感觉希腊人有点不太重视市容市貌。大概他们习惯于古代建筑遗迹的断垣残壁，并引以为豪，或者说注重文物古迹保护吧。大多数的政府建筑如国会大厦等都是使用了近百年的老建筑。

就在著名体育场的马路对面，一座现代化的政府大厦旁边竟然有栋破旧的公寓楼，这两栋建筑紧紧挨在一起，让人觉得非常不协调，在中国早就应该整改了，但是在雅典似乎很自然，因为这样的建筑经常可以见到，也就见怪不怪了。

希腊严重的债务危机使得希腊共产主义青年团前总书记齐普拉斯率领的"左翼激进联盟党（Syriza）"得到了选民的支持而获胜。据报道，2015年初之前，在希腊以外，还没有谁听说过齐普拉斯或是由欧洲共产主义者、社会民主主义者以及绿党组成的联盟。随着一篇《起底希腊新总理：崇拜切·格瓦拉 17岁领导学生运动》的文章在网上热传，齐普拉斯才逐步为世人所知。我当时在博客中戏称要去希腊支持一下这位"红色新总理"，也是一个月后决定参加这个旅游团的原因之一吧！齐普拉斯出生于1974年，他的成长岁月跟希腊足球劲旅帕纳辛纳科斯俱乐部有关，至今他仍是这家俱乐部的超级粉丝，每一场主场比赛都会参加。帕纳辛纳科斯足球俱乐部成立于1908年，是希腊足球历史上最悠久也最成功的俱乐部之一。帕纳辛纳科斯一

阿波罗足球场

共获得过20次希腊联赛冠军和17次希腊杯赛冠军。阿波罗足球场就是这家俱乐部的主场地。报道称，20世纪90年代，欧洲正经历着柏林墙倒塌、苏联解体、东欧国家改旗易帜的巨变。在希腊持有"左翼"立场的年轻人常常遭受攻击。1991年，希腊"右翼"政府计划实施一项削减福利的教育改革，引发了大量学生的抗议。年仅17岁的齐普拉斯组织他的同学，在学校发起占领运动，他代表学生与总理谈判，也懂得如何应对大众媒体。这场学生运动最终以政府妥协而获得成功，同时也让齐普拉斯崭露头角。

国家公园品尝红茶

Tips:

酒店：ZAFOLIA HOTEL （四星）

地址：87-89, ALEXANDR AS AVENUE, 114 74 ATHENS

电话：0030-210-6449002

传真：0030-210-6442042

圣托里尼

希腊旅游的另一个亮点就是去圣托里尼岛。从雅典乘坐蓝星号渡轮经过6个多小时就到了距离雅典200多公里的，充满爱琴海古文明及浪漫风景的美丽岛屿——圣托里尼。

　　圣托里尼岛（Sartorini）由三个小岛组成，其中两个岛有人居住。月牙形的主岛居民最多，中间最小的岛屿是座沉睡的火山岛，无人居住。圣岛居民约15000人，集中在三个小镇上，主要从事旅游服务业。菲拉镇（Fira）是圣托里尼岛的行政中心和最大的街区，立于主岛的中部，火山岛对面的悬崖峭壁上。

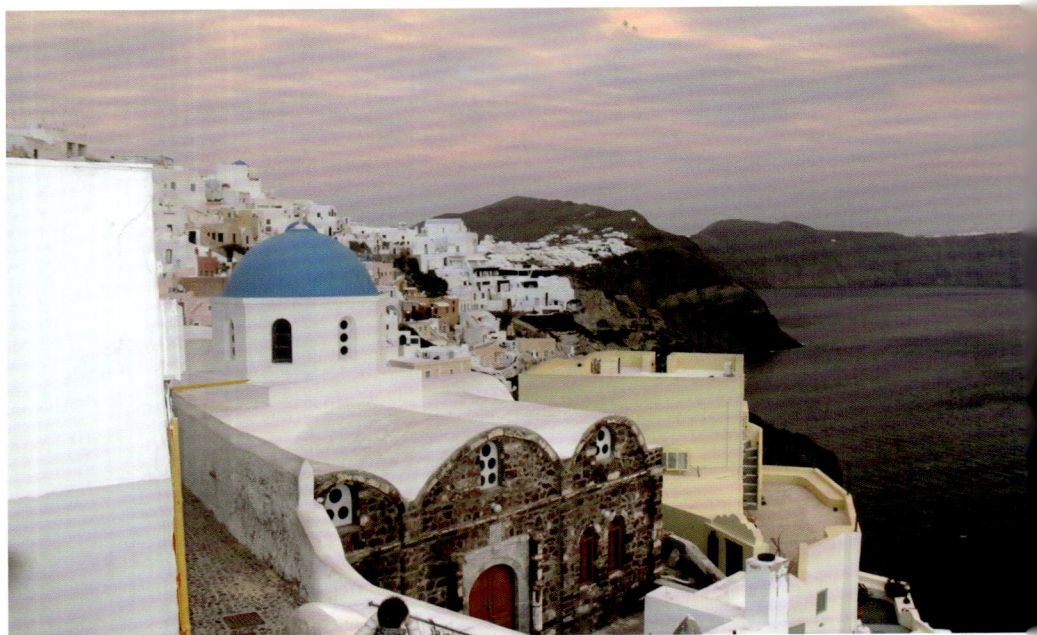

夕阳日落爱琴海

　　我们登岛已是下午时分，沿着依山而建、铺满石板的狭窄小路，观赏色彩鲜明的古老民居建筑群，步行目的地是圣岛最北端的伊亚小镇（Oia）。这座位于山壁断崖上的小镇是欣赏圣托里尼著名的"夕阳日落爱琴海"美丽景致的最佳位置，号称这里有"全世界最美的夕阳"。每天日落时分，来自世界各地成千上万的游客聚集在这里享受落日的余晖。我们来的时候是淡季，游客依然纷至沓来，挤满了看台。

　　建在圣托里尼岛悬崖上色彩鲜艳的房子好像童话故事里的一般，其经典建筑"白墙蓝顶教堂"，在海天美色的映衬下格外迷人。导游一再提及的刊登在美国《国家地理杂志》封面上的照片就是在这里拍摄的。对面的火山岛也是此行必到的景点之一。

　　漫步在圣岛的几个小镇上，真是一步一景，无论向哪个方向望去，都是一幅绝美的图画。依山而建的白色房屋、蓝色门窗，或者缀着红、黄、绿、橙的颜色，错落有致的小旅馆、咖啡馆，让游客流连忘返地停下、坐下、留下，俯瞰令人陶醉的爱琴海，任凭时间的流逝、浮世的喧嚣，这里与世无争、静谧温馨。

圣托里尼不仅是旅行者的乐土，摄影者的天堂，而且还是见证爱情的圣地。一对来自中国大陆的情侣把婚纱照拍到了全岛最高的观景台上。要不是改革开放30年，能够想象吗？

在唯一见到的中餐馆里吃了一顿晚餐，还算地道。参观著名的Santo Wine出产地，Santo Wine是由独特的火山岩地质孕育出的葡萄酿造而成的，多次在国际葡萄酒节中获得金奖。

到圣托里尼岛旅游观光，可以看到黑色、红色、白色的火山岩海滩，这都是火山喷发的产物。黑海滩由独特的火山地质造就的黑沙子被海水冲刷而成，红海滩由奇特的褚红色火山岩组成，海水都被染红了。

从菲拉镇的老码头乘坐小游艇几分钟就可以到达火山岛的码头。这座火山已经沉寂多年，但是火山口还是冒着青烟。从火山岛拍摄菲

偶遇来自中国的新娘

菲拉镇最大的天主教堂

拉镇又是另一番景象。走到火山口大约半个多小时，爬坡、拍照、喝水、小憩，沿途寻觅小生物，还真有发现。终于登上了火山口，此生无憾了！

这个岛是1704年由一个海底火山破水而出，逐渐形成了今天的模样。20世纪发生了三次喷发，最近的一次是1950年，而在1956年，圣托里尼又经受了一次破坏性地震。

欣赏了爱琴海岛屿特色的建筑美景，我不禁抒发些感慨。我们来到这里是早春二月，不是旅游旺季。据说到夏季，来自世界各地的游客蜂拥而至，那时1000欧元一夜的客房都是一房难求。圣岛的旅馆多面海而建，景观好，价格自然不菲，如果有泳池设施，更是超五星级宾馆的入宿价格。当然这里家庭小旅馆比比皆是，据说产权属于雅典居民，他们一年中有小半年时间住在雅典，旅游旺季才来到这里，一边享受着大自然的风光，一边经营宾馆酒店，日子过得非常惬意。难怪世界各国人们认为希腊人"懒"，有上苍的眷顾，有自然的风光，老百姓还有何求呢？

在费拉镇的老码头坐船前往活火山

说着说着，又可到了希腊的债务问题上。客观一些的评论认为，希腊危机的真正内因是整个国家都缺乏效率。大量的腐败与偷税漏税，公营机构过于臃肿，希腊政府习惯于入不敷出，却大力举债等。相比之下，德国人虽然工作时间在欧洲属于最少之列，经常可以看到德国人在世界各地旅游，但谁也不会说德国人懒惰，因为德国人有着高效率、良好的政府治理和社会治理、规模化的大公司、低腐败率、优秀的金融制度、科技制度、产业政策，等等。所以德国人才能高效率地工作，并拥有很多闲暇时间享乐。

登上火山岛

　　从希腊旅游回来，我还是一直留意着希腊债务危机。齐普拉斯担任总理半年来多次与欧洲债权人进行谈判，在欧洲议会辩论中面对债权国代表咄咄逼人的发言，他还真沉得住气，当然最后还是做出让步，承诺立即改革和实施严厉的财政紧缩政策。就在本人整理游记即将收笔之际，8月20日"红色总理"齐普拉斯突然宣布辞职，从竞选上台到宣布辞职下台，执政只有7个月，说明来自执政联盟内部的

压力也不小。一个月后的9月20日希腊再次举行大选，他领导的"左翼"联盟在议会选举中再次获胜，他重新担任总理。我们局外人实在搞不懂，这也许是议会政治的把戏吧。不过舆论普遍认为齐普拉斯总理接下来的日子更不好过。希腊人民不仅要过紧日子，还要面临出售国有资产偿债的危机。

最后说一句：来希腊旅游让我感受到了"古老文明与现代衰败之殇"。

Tips:

酒店：THERA MARE HOTEL（三星）

地址：PERIVOLOS, SANTRORINI

电话：2286081114

传真：2286083400

圣岛一角

西班牙、葡萄牙行程路线图

西班牙

葡萄牙

B 萨拉戈萨

A 巴塞罗那

C 马德里

H 卡塞雷斯

诶维拉
I 里斯本

G 塞维利亚

D 格拉纳达

F

龙达 E 米哈斯

西班牙葡萄牙

西班牙和葡萄牙都是欧洲伊比利亚半岛的国家。在文艺复兴时期，西班牙是欧洲最强大的国家之一，15世纪前后号称"日不落帝国"。现今全球还有5亿多人口使用西班牙语，是世界上使用总人数排第3位的语言，当年的殖民地域所及略见一斑。

一则说说

巴塞罗那

　　我们第一站是从雅典乘飞机到巴塞罗那，接下来就是乘旅行大巴驰骋在伊比利亚半岛上。巴塞罗那不仅是地中海沿岸最大的港口城市，享誉世界的地中海风光旅游地，更是世界著名的历史文化名城，以其现代建筑的流行式样和设计独特而著称。近年新闻中经常提到西班牙的加泰罗尼亚人闹独立，巴塞罗那就是加泰罗尼亚自治区的首府。这个自治区是西班牙最富裕的地区，人口虽只占西班牙总人口的十分之一，却贡献了全国20%以上的税收，加上历史原因，近年来一直在闹全民公决要脱离西班牙。我们在这里随处可见建筑物上悬挂的红黄条形的旗帜，就是代表要求独立的意见。

　　巴塞罗那可看的景点很多，可是跟团游只能听导游的。我们行程的起点是在酒店附近的奥林匹克新港，这里曾经是1992年奥运村，立意新颖、斩头去尾的飞鱼造型的抽象派作品是赠送给奥运会的礼物。巴塞罗那市是国际建筑界公认的将古代文明与现代文明结合最完美的城市，也是一所艺术家的殿堂，市内随处可见世界著名的艺术大师毕加索、高迪、米罗等人的遗作。

奥林匹克新港

圣哈乌美广场

我们跟着导游从哥伦布大道（Passeig de Cclom）钻进拐七拐八的老街窄巷，来到老城中心的圣哈乌美广场（Placa de Sant Jaume）。据说几千年前这里就是巴塞罗那的政治中心，现在广场北边的建筑是加泰罗尼亚自治区（Palau de la Generalitat de Catlunya）的政府大楼，南边是巴塞罗那市政厅（Ayuntamiento De Barceluna）。放在我们国家，这应该叫省政府与市政府面对面，好像还从来没有听说过。这里政府大楼在规定时间可以供游客参观，但是我们到达时可能有会议，有警察把守大门。

老城区古老的石板街道

国王广场

　　行走于这段路的目的是来寻访所谓的"国王广场"（Placa del Rei），这个广场小得可怜，但是据说来头却不小。中世纪时这里曾经是阿拉贡王国的王宫庭院，后来到了1469年，卡斯蒂利亚王国的公主伊莎贝尔嫁给了阿拉贡王国的王子费尔南多，两国联姻为西班牙最后统一奠定了基础。1474年，23岁的伊莎贝尔被立为卡斯蒂利亚女王，1479年，费尔南多继位，成为阿拉贡国王，两国正式合并统一为西班牙王国，夫妇二人被称为政教合一的"天主教双王"，再后来他们迁都去了西班牙中部的马德里。据说当年哥伦布远洋回来曾在这个广场觐见国王和王后。传说中王后伊莎贝拉是最支持哥伦布远航的，为此她还拿出了自己的私房钱资助。所以导游说这个不起眼的小广场值得一看。

　　国王广场是建于14世纪的巴塞罗那天主教主教堂的一部分，就在主教堂的背后，但并没有安排我们去参观主教堂，着实有点惋惜，不过行程中安排了去规模更大的圣家族大教堂，也就不那么遗憾了。国王广场周围的建筑都是历史遗迹，近旁还有巴塞罗那历史博物馆，可以买票参观。不过自己去玩要想找到这个地方可不容易。巴塞罗那还有一个皇家广场（Placa Reial），它靠近最著名的城市景观大街——兰布拉大街（_a Rambla）。自助游旅客不看这个皇家广场也罢，因为实在没有什么值得看的地方。不过兰布拉大街可千万不要错过，因为这条由北向南的大街连接着加泰罗尼亚广场（Placa de Catalunya）和哥伦布纪念碑广场（也称和平门广场）。

哥伦布纪念碑

接下来，我们来到巴塞罗纳旧港和哥伦布纪念碑（Mirador de Colom）广场。广场中央矗立着高60米的哥伦布纪念碑，纪念1492年哥伦布发现新大陆。1885年，这座新哥德式的雕像落成，巍峨的圆柱形纪念碑是用蒙杰伊克城堡前大炮熔化后的铸铁制成，上面镌刻有"光荣属于哥伦布"、"向哥伦布致敬"两行大字。由于巴塞罗那是第一个听到哥伦布正式宣布发现新大陆和描绘奇异新世界的地方，所以这座哥伦布纪念碑也是世界上最大的一座。柱顶的哥伦布铜合金雕像凝视远方，手指新大陆的方向，塔柱中部雕有5个凌空飞舞的女神，底座四周有8只巨大的黑狮。也有称其为"哥伦布瞭望塔"的，塔柱内有电梯可以登上瞭望台，观赏港口的美景。不过由于电梯老旧，2013年曾经发生过6名游客因电梯故障被困里面长达7个小时的事故。现在也不开放了。

哥伦布铜像

接着我们驱车来到号称城市"绿肺"的蒙杰伊克山的观景台和1992年奥林匹克会址，拍几张城市远景的照片。不过"绿肺"也不怎么样，拍照也是朦朦胧胧，说明巴塞罗那空气质量也不高啊！

车子从山上下来，经过国家宫，这是建于1929年的万国博览会主场馆，现在是加泰罗尼亚国家艺术博物馆（MNAC），收藏着从新罗马时期、哥特时期直到现代的艺术品，特别是11—13世纪的新罗马时期艺术作品是加泰罗尼亚国家艺术博物馆最重要的馆藏品。蒙杰伊克山脚下的这座重要建筑正对着的是巴塞罗那西班牙广场。

1992年夏季奥林匹克运动会会址

巴塞罗那西班牙广场

国家宫世博会遗址

巴塞罗那是艺术天才辈出的地方。巴塞罗那有8栋建筑物被列为世界文化遗产，仅安东尼·高迪（Antoni Gaudi i Cornet, 1852—1926）一个人设计的作品就有6件被列入世界文化遗产名录，这在世界上也是绝无仅有的。巴塞罗那最大的骄傲也还要属这位现代主义的天才建筑师高迪的遗作——圣家族大教堂，自高迪去世后至今仍未建成，也是世界上唯一尚未完工却被列为世界文化遗产的作品。

圣家族大教堂

圣家族大教堂浮雕

　　大教堂起初是在建筑师维勒斯的指挥下动工的，但是他只建了部分地下室就退出了。1883年，高迪开始正式接手，直到43年后他遭遇车祸去世。建设这所教堂的起因是一个宗教组织不满于社会的颓废，打算建一个赎罪堂让信徒们来这里祈祷，为有罪的人们求得主的宽恕，所以也有称"圣家族赎罪堂"的。其独特之处就在于不同于大多数传统教堂，这所教堂东、西、南侧分别设有3座宏伟的外立面，即"诞生立面"、"复活立面"、"荣耀立面"，每个立面的主题都代表了耶稣教神圣职能的一个方面。

　　我也是第一次见到这样外形怪异的教堂，是泥塑还是雕刻，不懂建筑还真的搞不明白。教堂东门入口处门饰有耶稣降生，圣母为其洗礼的塑像，西门出口处外立面是其殉难的场景。整个教堂外部都是圣经故事人物，寓意着诞生、死亡和荣耀的教义。内部的色彩利用阳光透过彩色玻璃光线，神秘而炫目，南墙壁龛上有各国文字的祈祷词，中文也在其中："赐给我们今天的饮食。"高迪离世后，留下了很多资料、设计稿和模型，西立面门口有一个完整建筑的模型，也就是最终要建成的模样。但是高迪离世后的几十年，尤其西班牙内战期间工程停顿甚至被破坏，直到1952年才再次动工。现在看到的东门，描述基督降生的"诞生立面"，连同北面神龛出自高迪之手，完成于1912年。西立面描写耶稣与十二门徒最后晚餐的"复活立面"，线条简洁的巨大雕塑则是约瑟夫·萨巴拉奇斯（Josep M. Subirachs）于1990年完成的作品。看现在这个样子，工程大概也就完成了60%。据说建设经费来源主要是社会捐助和门票收入，官方预计要到2028年才能竣工。

参观了圣家族教堂，我们来到阿拉贡街一家中餐馆用午餐。餐馆出门右拐的大街是著名商业街区格拉西亚大道，这里还有高迪的两件享誉世界的作品。一件是路对面的有骷髅样阳台、骨骼柱状烟囱和彩色马赛克装饰墙的公寓楼建筑，称作"巴特略之家"，其创作灵感来源于加泰罗尼亚地区流传的圣乔治斗恶龙的传说；另一件是沿格拉西亚大道向北过两个街口的"米拉之家"，其波浪形的白色石材砌出的外墙、扭曲盘绕的阳台栏杆，在20世纪初建成时让人大开眼界。据说1906年富豪米拉非常欣赏高迪为巴特略先生设计的巴特略之家，所以请高迪设计了这座建筑。米拉之家是高迪设计的最后一个私人住宅。

我们午饭后匆匆赶到这两座被列为世界文化遗产的建筑前拍照，随后离开巴塞罗那，驱车306公里，前往西班牙中东部历史名城——萨拉戈萨。

高迪作品——米拉之家

巴塞罗那主教堂

Tips:

酒店：FRONT MARITIM（四星）

地址：Paseo Garcia Faria, 69Barcelona 08019

电话：+34 93 3034440

传真：+34 93 3034441

萨拉戈萨

　　萨拉戈萨是一座有2000多年历史的古老城市，是西班牙著名的大学城。其代表性建筑皮拉尔圣母教堂以"阿拉贡的穆德哈尔式建筑"的名义被列入联合国世界文化遗产名录，是西班牙国家级历史建筑。历史上当地土著人、摩尔人（阿拉伯人）和基督徒在这里留下了3种丰富的截然不同的文化遗迹，有哥特式风格、伊斯兰的穆德哈尔式风格以及西班牙巴洛克风格的殿堂。皮拉尔圣母教堂是西班牙久负盛名的教堂之一，在大教堂里供奉圣母玛利亚圣像的壁龛和传说中公元40年10月12日圣母玛丽亚显灵的石柱，西班牙语里将柱子叫作"皮拉尔"，这也是教堂

皮拉尔圣母教堂

名字的由来。皮拉尔圣母大教堂是西班牙最重要的朝圣地之一。传说在埃布罗河岸边，圣母玛利亚曾靠在一根石柱上向世人显灵，萨拉戈萨这座城市也因此变得闻名遐迩。人们以圣母显灵过的石柱为中心修建了大教堂和广场，并祈求圣母世代保佑着这里的人民。有意思的是教堂里悬挂着两枚炮弹，据说是在二次大战期间，盟军的两枚炸弹穿过教堂的屋顶飞进大教堂居然没有爆炸，因此信徒们都说这就是圣母的力量保护了教堂。其实二战中西班牙大部分领土未遭涂炭，与当时的佛朗哥政权脚踩两只船有关。下一篇到马德里再慢慢聊。

教堂内是不允许拍照的。外景的照片中，夕阳下的11座圆形尖顶的皮拉尔圣母教堂非常辉煌。

萨拉戈萨市位于西班牙的东北部，城市人口67万左右，是西班牙一座重要的工业城市，是西班牙经济实力第四强市、人口第五大城市。2008年在萨拉戈萨召开过世界博览会。萨拉戈萨是我们前往首都马德里的中间站，住了一宿，除了皮拉尔圣母教堂之外没走多少景点。

皮拉尔圣母教堂

皮拉尔圣母教堂广场

Tips:

酒店：TRYP ZARAGOZA （四星）

地址：Avda. Francia 4–6 Zaragoza 50003

电话：+34 976 287950

传真：+34 976 287951

马德里

　　从萨拉戈萨到马德里约315公里，车行一路所见，在炽烈的阳光下，只有干燥贫瘠的原野和一望无际的橄榄树。据说这种耐旱植物是西班牙主要的经济作物，精炼的橄榄油占西班牙出口贸易很大的份额。大约用了4个小时，到达欧洲海拔最高的首都马德里已经是午饭时间。

　　像许多大都市一样，马德里主要景点和古典建筑都在几个广场上（马德里皇宫、西班牙广场、太阳门广场、马约尔广场、西贝莱斯广场等），相对来讲都比较集中，步行游览完全可以，况且市中心区域旅游大巴是进不去的。

　　我的游览路线：

　　A西班牙广场—B马德里皇宫—C市政厅广场—D马约尔广场—E太阳门广场—F国会下院—G海神喷泉—H西贝莱斯广场—I阿尔卡拉门。

马德里路线图

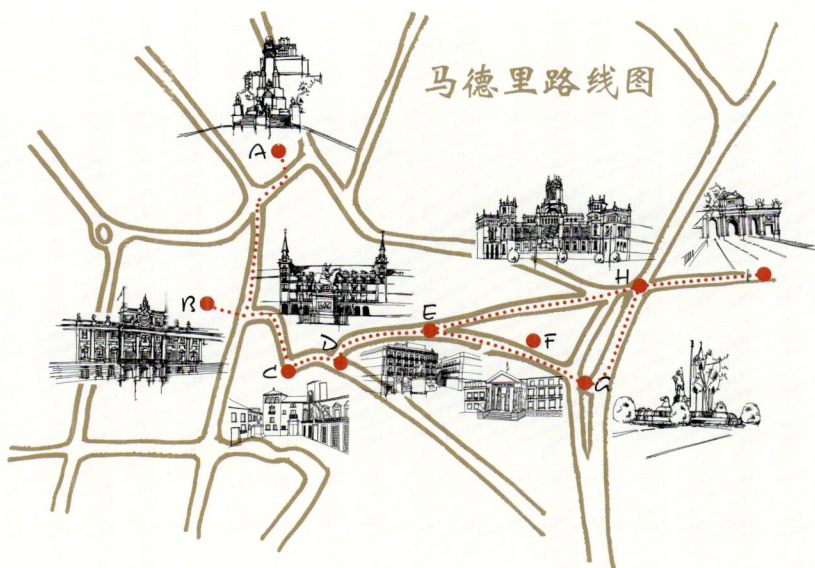

午饭后，首先来到马德里的西班牙广场（巴塞罗那、塞维利亚等城市都有西班牙广场）。塞万提斯石雕坐像和他笔下的著名人物——唐·吉诃德及仆人的铜像映入眼帘。偌大个广场，中央矗立着巨大塑像的主题是纪念大文豪和他故事中的人物，显示这部小说在西班牙乃至世界文学史上的地位。小说于1605年出版，1608年首先被译成英语版，此后又被译成多国的文字，成为全世界翻译版本最多的文学作品之一。

唐·吉诃德这个虚构的人物，代表着欧洲骑士精神，总是一副勇往直前的样子。塞万提斯是要用小说来揭露封建教会的专横、社会的黑暗和人民的困苦，讽刺社会上流行的骑士精神，其实那时骑士早已绝迹一个多世纪，但唐·吉诃德却依然沉迷于骑士小说，时常幻想自己是个中世纪骑士，幻被现实撞得头破血流。现在，唐·吉诃德的名字也许被赋予了一个特定意义：一个热衷幻想，脱离实际、主观迂腐、顽固落后的同义语。不过有不少人认为他的正面意义是"不懈追求"的精神。

大文豪纪念碑

马德里皇宫

值得一提的是纪念塑像背后的25层楼高的西班牙大厦，2014年被大连万达集团以2.65亿欧元（约合人民币21亿元）的价格买下。这栋弗朗哥时代的建筑物于1953年建成，当时是西班牙最高的摩天大楼，2008年时，成了西班牙房地产市场崩溃的象征。王健林买下这栋空置多年的地标性建筑物是为了表明中国地产商人有钱，还是其他别的商业目的，我们不得而知。不过后来据报道，大连万达打算配合这片地区进行规模更大的改造，拆除这栋大厦而重建豪华公寓和高级酒店。后来遭到当地数万老百姓示威抗议而搁置。但愿万达的追求不要落空，不要像唐·吉诃德一样。（这要说起来，已经是两年前的事了，2016年7月万达公司还是败下阵来，决定向西班牙Baraka公司出售该大厦所有股权。）

西班牙广场的南面是马德里皇宫。马德里皇宫（Palacio Real de Madrid）号称欧洲第三大皇宫（仅次于凡尔赛宫和维也纳美泉宫）。它建于1738年，历时26年才完工，也是世界上保存最完整、最精美的宫殿之一。如今这里已不是皇室居住的地方，平时供游人参观，遇有重要国宾来访时，国王会在这里举行国事活动。皇宫内只允许在大厅拍照，宫内收藏的金银器皿、绘画、瓷器、壁毯及皇室用品是不允许拍照的。

西班牙是君主立宪制国家，国王是国家元首和三军统帅，但是不干预政府事务。政府首脑是竞选获胜的政党领袖。现国王胡安·卡洛斯一世是1975年登基的，在位已经40年。胡安·卡洛斯对西班牙政治民主化的进程是有贡献的，因此在西班牙以及国际上都享有较高的声誉。

聊到西班牙的近代史都绕不开另外一个人物——"独裁者"弗朗哥。20世纪30年代初，西班牙爆发民主革命推翻了胡安·卡洛斯的爷爷阿方索十三世国王的封建统治，成立了共和国（史称西班牙第二共和国）。王室家族流亡国外，那时卡洛斯还没出生。新生的共和国政治力量分成两大派，在那个欧洲思想流派混乱的年代，可以想象结局会是怎样。无论"右派"还是"左派"走马灯式轮流执政，都没能治理好国家，而且经济每况日下，罢工、罢市不休，暴力冲突不断。到了1936年"左派"（社会党、共产党联盟）上台后的主张更加激进，导致思想保守的封建地主和宗教势力的军人不满，他们认为国家陷入政治经济危机，军人就要站出来拯救西班牙。以驻守北非摩洛哥的弗朗哥为首的职业军人领头造反，叛军在德意法西斯的帮助下，杀向马德里，为期三年的"西班牙内战"爆发。此时，英、美、法"保持中立"，只有斯大林的苏联和北美的墨西哥支持"左派"政权。第三国际派出了"国际纵队"直接参与了"马德里保卫战"，这其中还有我们熟悉的"伟大的国际主义战士"白求恩，作为加拿大共产党员受组织派遣来到西班牙救治伤员。也有在欧洲或者苏联留学的中国人参加。许多知名人士如海明威、毕加索当时都是支持共和"左派"的。然而，弗朗哥的长枪党骁勇善战加上希特勒和墨索里尼的"志愿军"武器精良，而共和军的内部没有统一指挥形成合力，又被策反、被蛊惑而自相残杀，终究败下阵来。

主张共和的领袖们被逐出西班牙，共产党的领袖们流亡到了苏联等国。20世纪50年代流亡的西班牙共产党领袖来华访问时还是我们毛泽东主席的座上宾。时过境迁，到了20世纪70年代，大独裁者弗朗哥去世，老国王阿方索三世的孙子胡安·卡洛斯重新登上国王的宝座，并且实行了君主立宪制改革，西班牙共产党领袖们又回到了祖国，放弃了列宁主义武装夺取政权的主张，参与了民主政治的改革进程。这些都是后话了。

说到弗朗哥这个人还是有些积极意义的——尽管他是靠德意法西斯支持才获胜，并用铁腕手段统治了近40年。在二战中为了西班牙国家利益，他比较明智、务实或者说狡猾。他一会儿宣布中立，一会儿又派兵帮德军攻打苏联（大概是要报内战时共产国际派出"国际纵队"跟他对抗的一箭之仇吧），一看形势不利又马上撤回部队。但总体来讲他还是使西班牙逃过了一场浩劫和宰割。而且他也利用美苏阵营冷战的国际环境，实现了自己国家的稳定和经济发展。最让人惊讶的是这个大独裁者内心深处还有些世界发展大趋势的意识。他在独裁统治的中期，1948年11月，突然把具有西班牙皇室血统的10岁王子卡洛斯迎接回国，以自己的继承人、西班牙未来国家元首的标准加以培养，而不是像有些独裁者千方百计要把权力留给自己的子女。弗朗哥安排小王子在马德里念中学，进入军事学院接受训练。在对未来国王的培育过程中，他让卡洛斯接受最好的教育，却并不向卡洛斯灌输某种从政的理念和方式，尤其不灌输他自己从政模式的理念。据卡洛斯后来回忆，当他就某些政治问题向弗朗哥求教时，弗朗哥会轻松地回答道："在任何情况下，殿下，你都没有必要做那些我不得不做的事情。当你成为国王的时候，时代已经变了，西班牙的人民也将和现在不同。"当卡洛斯要求旁听上层的政治会议时，弗朗哥还是那句话："这对你是没有意义的，因为你不可能去做我要做的事情。"在弗朗哥病危的时候，卡洛斯去看他，弗朗哥拉住他的手，用力握住说："陛下，我对您唯一的请求是维持西班牙的团结。"史学家普遍认为，弗朗哥把胡安·卡洛斯作为接班人加以培养，在他的监护下卡洛斯一步一步成为具有民主思想的国家元首，使西班牙的政治民主化事业在他去世后水到渠成，而得到国际舆论认可。"一个统治者如果做不到像华盛顿那样，至少做到像弗朗哥那样，同样也是国家之幸、民族之福也。"

阿慕德娜圣母教堂

皇宫对面的巴洛克风格的建筑是阿慕德娜圣母教堂（Catedral de la Almudena）。宏伟的教堂建立在马德里最古老的历史遗迹——罗马城墙之上。

出了皇宫大门向南，是马德里非常重要的商业街——马约尔大街（Calle Mayor）。沿大街向东，马德里主要的广场都在这条大街上。我们首先来到市政广场（Plaza de la Villa），广场不大，3座不同时期的历史建筑围成品字型。东侧的卢汉塔（Casa y Torre de los Lujanes）是哥特—穆德哈尔风格建筑，南面的是西斯内罗斯之家（Casa de Cisneros），西侧的巴洛克式建筑就是老市政厅。

再向东走一个街区，有一个小广场——圣米盖尔广场（Plaza de San Miguel）。这个名称似曾相识，定睛一瞧，哦，我前些年公差曾经到过墨西哥中部的一个幽静的小城市叫作圣米盖尔市,我还专门写了一篇旅游博客介绍这座城市。一部分"驴友"进圣米盖尔中央市场购物,我们一伙坐下来小憩喝茶。

在西班牙的众多广场中,马约尔广场(Plaza Mayer)无疑是最有广场范儿的了。马约尔广场是马德里的主广场(马约尔在西班牙语里的意思就是"主要"、"大"),数百年来一直是节日庆典、封圣加冕、宗教活动的场所。中世纪时原是一处小广场,西班牙定都马德里后,广场逐渐扩大,并且将四周的房子统一修建为4层的楼房。

广场中央是腓力三世国王(Estatua Felipe III)的骑马雕像,高大威武,气势非凡,也正是他下令建设这个主广场。这里也是购物、休闲、民间艺人表演和拍照的好地方。各种咖啡厅、餐厅、特色食品店等,让人目不暇接。

广场呈长方形包围式结构,四周回廊式古老建筑都是商店、餐馆、酒吧等。广场旁边的Cuch lleros街上坐落着一家号称世界最早的餐馆——Restaurante Botin,吉尼斯世界纪录的证书陈列在饭店橱窗里。自从1725年开张以来,餐馆一直经营着地道的西班牙传统美食。不过那天晚上我们没有在这家餐厅吃饭,而是在不远处另一家较大的餐馆,享用了一顿丰盛的西班牙美食。

马约尔广场

　　看了马约尔广场，再沿着马约尔大街向东走，没走几步就可以看到马德里大区政府所在地——太阳门广场（Puerta del Sol）。与马约尔广场相比，太阳门广场的商店更高档些，这里也是马德里最繁华的商业区。

　　广场中央是"马德里最杰出的市长"卡洛斯三世雕像，对面的大楼是马德里大区政府所在地（Comunidad de Madrid）。太阳门广场中间、马德里大区政府前面是"零公里"的铜质地标牌，示意这里是全国所有公路的尽头和交汇处，这里不仅是马德里的正中心位置，也是伊比利亚半岛的正中心位置。

广场上的黑熊和杨梅树雕塑

　　广场上的黑熊和杨梅树雕塑是马德里市徽的图案，也是马德里的标志。按传统，除夕夜伴随太阳门广场上的钟声，人们吃下十二颗杨梅或者葡萄，代表着新一年的开始。从太阳门广场有10条街道呈放射状向外延伸。

太阳门广场

西贝莱斯广场大地女神喷泉

在广场上自由活动，我和友人不乐意购物，沿着职业生涯大街（Carrera de Jeronimo）向东，路过国会下院（Congreso los Diputados），再沿着普拉多大道走到西贝莱斯喷泉广场、独立广场阿尔卡拉门，一路浏览拍照，然后再沿着阿尔卡拉大街回到太阳门广场。

普拉多大道（Paseo del Prado）北起西贝莱斯喷泉广场，途经海神喷泉广场（Fuente de Neptuno），南到普拉多博物馆的查理五世广场，是西班牙马德里市中心一条纵贯南北中轴线的宽阔的林荫大道，也是重要的文化与旅游中心，拥有"艺术金三角"的美称。大道两边都是博物馆、政府机构等。

西贝莱斯喷泉广场（Plaza de Cibeles），亦译为大地女神广场，是马德里的标志性广场之一。

广场中央的大理石喷泉雕塑描绘的是大地女神——西贝莱斯。大地女神端坐在喷泉中央由两只狮子拉着的战车上。喷泉兴建于卡洛斯三世担任市长期间。广场周围数座新古典主义建筑群，都有政府机构进驻。广场东南角的宏伟建筑是西班牙通讯宫（Palacio de Comunicaciones）和邮电总局，还有现在的马德里市政府（Ayuntamiento de Madrid）；广场的西南角是西班牙银行（Banco de Espana），马路对面是西班牙军总参谋部（Cuartel General de la Armada）和海军博物馆（Museo Naval de Madrid）；广场的东北角一栋别致的建筑是"美洲之家"（Casa de America）。

西贝莱斯喷泉广场是皇家马德里足球俱乐部庆祝欧洲冠军联赛、西甲或西班牙国王杯等大型比赛胜利的地点，中国球迷也许会对这个广场有些熟悉。

从广场向东走是独立广场，可以看到阿尔卡拉门。阿尔卡拉门是马德里仅存的几个古老城门之一，建于1788年，以纪念"马德里最杰出的市长"卡洛斯三世。大门为新古典主义风格，号称"马德里的凯旋门"。

阿尔卡拉门

沿阿尔卡拉大街向西走回太阳门广场，可以看到塞万提斯学院（Intituto Cervantes）、国家市场与竞争委员会（CNMC）、区政府财政和公共行政、国家文化教育部（Ministrio de Educacion Cultura y Deporte）、马德里大都会大厦、圣何塞教堂等建筑。

据报道旅游业是西班牙国民经济的重要支柱之一。2013年西班牙入境旅游人数为6066万人，超过本国人口（4600万人）。旅游入境人数和收入均居世界第二。结束了马德里的行程，我们还要去格拉纳达、塞维利亚等历史名城，充分领略西班牙风土人情，享受更多旅游给我们带来的快乐。

从巴塞罗那到马德里，我一直在观察老百姓的生活状况。市容、道路、宾馆、商店、物价等虽不如美日英法等最发达国家繁荣，但是这个只有4600万人口的国家，从20世纪70年代中期开始探索走政治民主、经济融入欧洲的道路，其间也是

塞万提斯学院

历经政党轮替、民族分裂、军人干政的坎坷，由于有了国王胡安·卡洛斯和首任首相苏亚雷兹坚定的宪政民主信念，党派领袖的包容协商，老百姓对自由、平等、人权、法制的渴望，对社会和谐才能发展经济过上好日子的追求，经过几十年的努力，由一个欧洲排名落后的弱国，发展成为经济总量排全球工业第十的强国（人均GDP从1955年的390美元，到1980年的5100美元，再到2011年的30625美元）。这一点值得后发国家借鉴。

Tips:

酒店：MERCADER（四星）

地址：Calle Eje 2-7a, Poligono Alimentario
Mercamadrid Madrid, 28053

电话：+34 91 7866320

传真：+34 915 070541

格拉纳达

阿尔罕布拉宫一角

　　格拉纳达市位于西班牙南部内华达山脉中间。历史上，西班牙大部分版图曾经被来自北非的摩尔人（穆斯林）统治了800多年，后来公元11世纪基督徒的势力逐步扩张，到13世纪时格拉纳达成了摩尔人在伊比利亚半岛上最后的版图。今天要在西班牙寻找最具代表性的摩尔人遗迹，当属位于格拉纳达的阿尔罕布拉宫（Alhambra Palace），这座穆斯林王国建筑艺术、雕刻装饰艺术的鼎盛之作。阿尔罕布拉宫早已被列入世界历史文化遗产名录。

　　"Alhambra"在西班牙语里直译是"中世纪西班牙摩尔人（Moor）诸王的豪华宫殿"，也有据说在当地语言中"Alhambra"是"红色城堡"的意思。无论如何，这个词就是特指格拉纳达的阿尔罕布拉宫了。沿着阿尔罕布拉城堡山边的小路拾阶而上，给人的感觉是那样的破败、凋零，城墙断垣残壁，泥土石块外露，怎么也不是想象中的王国宫殿的样子。

进入城堡中心广场，几座宫殿赫然在目。其实阿尔罕布拉宫不是一座宫殿，而是由几座不同历史时期建设且具有不同民族宗教风格的宫殿组成，一座称作"宫殿之城"的城堡。这里最璀璨的是代表中世纪阿拉伯风格的王宫，虽不如后来修建的欧陆风情的宫殿外表那么华丽雄伟，但其内部装饰雕刻精美，令人叹服，要知道那是近千年前摩尔人的建筑。1492年摩尔人被逐出西班牙后，建筑物开始荒废。1828年在费尔南多七世的资助下，经建筑师何塞·孔特雷拉斯与其子孙三代进行了长期的修缮与复建，才得以恢复原有风貌。

卡洛斯五世宫内庭

卡洛斯五世宫（Palacio de Carlos V），是18世纪的建筑，这可不是摩尔人的原来建筑。基督教君王"光复"格拉纳达后，在阿尔罕布拉城堡也修建了欧陆风格的王宫。这是一座外方内圆的宫殿，内部的圆形天井倒是很像西班牙竞技场的感觉。

接下来游客要穿过"酒门"（Puerta del Vino）来到阿尔及贝斯广场（Plaza Algibes Alhambra），左边是所谓的阿卡萨巴碉堡（Alcazaba），这是一座防御外敌的城墙堡垒。

再往前从一片废墟之处的绿树拱门走进去，那里才是阿尔

阿卡萨巴城堡

罕布拉宫的精华——纳塞瑞斯皇宫（Los Palacios Nazaries），一座伊斯兰建筑艺术的文物宝库。不过外表看上去，实在不怎么样。

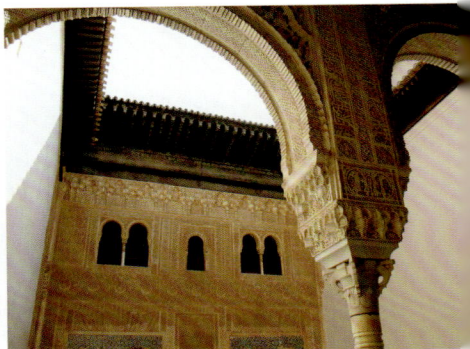

纳塞瑞斯皇宫

　　这个宫殿内部空间狭小，每次进入不能超过300人。据说能够保留下来这么久远的异族风情的建筑，还有一段传奇故事。11世纪起，西班牙北方的基督教王国逐步征服信奉伊斯兰教的摩尔人小城邦国，也就是摩尔人效忠基督教国王。到了13世纪费尔南多三世已经不满足于"纳贡"，而是要驱逐异教徒，因此几番征战，几乎吞并了摩尔人的版图，最后兵临格拉纳达城下。传说这个聪明绝顶的小城邦国王阿尔汗玛（Alhamar）独自一人前往基督教营地，非常意外地出现并跪倒在费尔南多三世面称："拿走我的一切，接受我为您的奴仆吧。"然后亲吻国王的靴子以示忠诚。费尔南多一时高兴就让其回去继续管理这个属于摩尔人的格拉纳达，这一松手又是两百年。直到15世纪卡斯蒂利亚公主伊莎贝拉跟阿拉贡另一个叫费尔南多的王子联姻，这对"基督教双王"已经不可能再容忍这个最后的摩尔人王国了，在占领格拉纳达之后，最终实现了西班牙的完全统一。

这座摩尔国王的宫殿主要有四个庭院：桃金娘中庭（Patio de los Arrayanes）、狮庭（Court of the Lions）、科马雷斯庭院（Patio de Comares）和雷哈中庭。每个庭院的周边布局都精确对称，装饰各具特色。这里没有欧洲宫殿耀眼的金灯银盏、华丽壁画、豪华家具，这儿的精华是精雕细琢的壁画、拱门、窗框、壁龛和天花板，螺旋雕刻的阿拉伯文字，巧夺天工的几何图案。既有石雕、玉雕，也有石膏泥塑、马赛克之类的材料。

整个宫殿中桃金娘中庭是最大的一个庭院，据说这里是国王行政活动的场所。庭院中央是大理石铺砌的大水池，四周植物是桃金娘花篱栏，也许庭院由此得名。庭院北面为一座40米的碉楼高塔，可以俯瞰整个院子，宫廷的觐见室坐北朝南，有国王的御座，四面墙壁上有金银丝镶嵌的图案，色彩艳丽，圆柱构成的走廊，雕刻或者绘制着精美无比的图案，做工非常讲究。院子周围的拱券、立柱、回廊投影于水池中，交相辉映，体现出伊斯兰文明的源远流长。

继续沿着回廊向前走，就是另一个重要的庭院——狮子庭院，据说这里是摩尔国王起居生活的场所。狮庭由几十根玉石或者大理石柱子支撑着雕刻精美的穹顶形成拱形回廊。看得出无论是石工还是木工工匠的技艺都很高超，做工精细，

狮子庭院

用材考究，上面的拼花图案形状精美，令人叫绝。从柱间向中庭看去，有12只石狮托起一个大喷泉池子。阿拉伯人对水特别钟情，很多清真寺或者居住场所亦或是街道广场都有喷泉水池之类的建筑，便于饮用或者洗手清洁。狮庭是一个经典的阿拉伯式庭院，两条水渠将其分成四块，水从狮子口中喷出，经由两条水渠流向围着中庭的四条走廊，按照黄金分割四等分。据说这种设计既有水景体现装饰性，又有降温纳凉的作用。

　　这座阿拉伯风格的精美宫殿到了19世纪才逐渐为外界所知，这要归功于一位叫华盛顿·欧文的美国外交官。他利用假期在西班牙各处旅游，写下了不少西班牙游记，其中关于格拉纳达的故事首次揭开了阿尔罕布拉宫神秘的面纱。为了

格拉纳达阿尔拜辛镇

纪念华盛顿·欧文，宫内还保留了他居住过的房间，称为"华盛顿·欧文寓所"。

　　站在环绕着皇宫城堡的高墙上，可以一览对面的阿尔拜辛镇和远处的格拉纳达老城。所谓阿卡萨巴堡垒其实就是摩尔皇宫的院墙罢了。

　　整个阿尔罕布拉宫的景点分布在两个山坡上，我们先看的几个宫殿和阿卡萨巴堡垒都是在西半部分，跨过城堡东侧的壕沟天桥，在城堡东半部分还有另外一座美丽的轩尼洛里菲花园（Generalife），传说那里是老酋长隐退后居住的地方，也有说是后宫嫔妃们的居所。从阿卡萨巴城堡这边走到轩尼洛里菲花园大概十分钟，那里也是不容错过的，号称阿尔罕布拉宫的三大经典之一。

轩尼洛里菲花园入口

　　轩尼洛里菲花园入口是长长的松树林修剪成圆弧拱门，下面是水渠和喷泉，构成一幅美轮美奂的画卷。

　　在此之前没有这么仔细游览过阿拉伯风情的古典宫殿，这次在阿尔罕布拉宫一圈走下来，看出来一点眉目，领悟出一点道理。阿尔罕布拉宫的每一座庭院花园都体现了伊斯兰文化的建筑文明，都浸透着伊斯兰宗教思想，按照《古兰经》描绘的理想家园应该是：水渠贯穿庭院，果实常年不断，树荫岁月相伴。多么美好的古典建筑思想！

　　不过回来后，朋友赠送了我一套青年作家林达的系列丛书，其中《西班牙旅行笔记》一书，让我受益匪浅，了解到了不少关于阿尔罕布拉宫的故事。就在这几个美景如画的花园庭院里边，曾经的摩尔君王们为争王位、夺嫔妃、争夺权力自相残杀，血染清渠，魂断廊桥。说起来也不奇怪，中国封建社会的皇帝又何尝不是如此呢？

　　阿尔罕布拉宫山脚下的城镇叫作阿尔拜辛（Albayzin），也是被列入世界文化遗产名录的历史遗迹。如果说山上的阿尔罕布拉宫代表了伊斯兰宫殿建筑的特色，那么阿尔拜辛镇就代表了阿拉伯民间市镇的风光吧！

　　格拉纳达老城在不远处平坦的地方，我们夜宿老城，但天色已晚，有些遗憾。好在晚饭后安排了观赏西班牙民族之粹的弗拉门戈舞（Flamenco），也算一种补偿吧。

　　到了格拉纳达，不去民间小剧场看看负有盛名的弗拉门戈舞是一个遗憾，不过看了也只是一次入乡随俗的经历罢了。在这么狭小洞穴般的舞场空间里看表演，还是第一次，也谈不上什么艺术享受，倒是一次不错的体验。弗拉门戈舞是当地吉普赛人的传统娱乐形式，独舞、对舞及群舞的舞步都是脚跟踢踏地板，伴随着手掌上下拍击，裙摆甩动，风风火火。我们去的这家餐馆剧场大概是"一家老小齐上阵"了，算是"艺术之家"吧。

　　出国旅游，再读些历史的东西会觉得兴趣盎然。在格拉纳达时间仓促，我们还是错过了一个重要的景点——格拉纳达大教堂。倒不是这座教堂的建筑艺术或是规模巨大特别，而是对于西班牙人来说，这所教堂有着某种历史的意义。在教堂的皇家礼拜堂（Capilla Real）安葬着对西班牙实现统一，并且为铸就西班牙15—16世纪称霸世界航海业辉煌的"基督教双王"——阿拉贡国王费尔南多和卡斯蒂利亚女王伊莎贝拉。这两个王国的联姻实现了西班牙的最终统一，攻克了摩尔人最后的堡垒——格拉纳达。按照他们的意愿死后葬于格拉纳达基督教堂。

弗拉门戈舞

阿尔罕布拉合影

不得不看

从马德里出发去格拉纳达约400公里的路程，中途休息时来到一个小镇，镇上有个"唐·吉诃德旅馆"（Vento del Quijote），大家都以为来到了《唐·吉诃德》小说主人翁受封骑士的那家"昔日客栈"，纷纷抢着拍照。

但是这个客栈到底是不是小说所说的那家，塞万提斯家乡又是否就是那个小镇？为了确认，我仔细翻阅了拍摄的照片，客栈门牌、内部陈设、路旁的教堂、客栈对面的商店、银行标志、E5A4公路标牌，等等，根据这些线索再到谷歌地图上寻找小说中提到的"拉皮塞隘口"的地方，最后确认在马德里通往拜伦（Bailen）的

Tips:

酒店：CAMINO DE GRANADA

地址：Ctra Antigua de Malaga Urb. Fatinafar,
　　　ranada 18015

电话：+34 958 286200

传真：+34 958 280400

E5公路155公里处一个叫作"Puerto Lapice"的地方（"Puerto"西班牙语是"港口"的意思），谷歌地图上标有这家餐馆的位置，这样就吻合了。而大文豪塞万提斯故乡在距离这里不远的阿尔卡萨尔德圣胡安市（Alcazar de San Juan，不在主干道E5公路上，一般不是专门寻访不会走到那里）。在这条游客必经之路的小镇上，餐馆用唐·吉诃德命名，门口竖着唐·吉诃德的雕像，院子里的陈设、用具按照小说中的式样摆放，也许是打着名著效应的噱头，招揽生意，也许当年大文豪确实住过这家客栈，并以此为题材罢了。但愿如此就不虚此行了。

米哈斯与龙达

米哈斯距离格拉纳达只有155公里，一座群山环抱中的幽静小城镇，红顶白墙的房屋伴着石阶路沿着山坡在平缓蜿蜒的山麓中展开，极目远望可见蔚蓝色的地中海。据说这个小镇最适合在民宿小旅馆住下，细细品味混杂着阿拉伯人、犹太人和罗马人后代的地中海民俗和美味佳肴。从20世纪50年代开始，当时的独裁者弗朗哥已经开始发展旅游业，尤其胡安·卡洛斯国王登基实施西班牙的"改革开放"后，旅游业蓬勃发展，直至今日，西班牙的旅游业已经是世界第二，每年到访的外国游客人数大大超过其本国人口。在西班牙一路走来，无论是大城市还是像米哈斯这样的小城镇都打扫得干干净净，游览马车也是这样井井有条。我们在这里逗留了一个多小时，没有太多的景点可看，便任性地消费了一把。在友人的鼓动下，给夫人采购了一个米哈斯本地生产的地中海风情的牛皮包，兄弟和朋友也各买了一个，虽不是名牌女士包却也价廉物美。至今夫人天天带在身旁，算是此行最大的收获了。

西班牙是著名的"斗牛士"之乡，尽管动物保护主义者一直呼吁终止残忍的斗牛活动。行驶在西班牙的原野上，经常能够看到公牛塑像。瞧这副模样，你不斗还真不行。

米哈斯

沿途山坡上的公牛塑像

从米哈斯出发驱车90公里就到达了"斗牛士"的故乡——龙达。龙达是位于西班牙安达卢西亚自治区腹地的一座小山城。据说它诞生于古罗马帝国时代，距今已有2000多年的历史。著名的龙达断崖将城市分成老城和新城两个截然不同的区域。龙达城伫立在悬崖峭壁之上，给人一种惊心动魄的壮美之感。

龙达斗牛场

老城中心的西班牙广场（Plaza de Espana），有一个旅客服务中心，可索取免费的地图。广场一侧是龙达斗牛场（Plaza del Toros）。

众所周知，斗牛是西班牙的国粹，全国有400多个斗牛场，马德里范塔士斗牛场规模最大可容约三四万人，但最具名气的还是龙达古城中的这个斗牛场，尽管它仅能容纳五千名观众，却是西班牙最古老的斗牛场，已有300多年的历史，西班牙现今的斗牛方式就是在这座斗牛场诞生的。为了维护这座"古迹"，只有在特殊的节日才会于此举办斗牛赛事。这里也是全国斗牛士们朝圣的地方。

印象很深刻的还有闻名遐迩的龙达瓜达尔莱文河谷（Rio Guadalevin）和连接新老城区的大石桥，当地人称为"新桥"。所谓"新桥"其实距今也有几百年的历史，公元1735年建成，6年后意外坍塌还造成了50多人伤亡，1751年重建，1793年完工，前后历时42年。新桥下方是百丈深渊（桥墩底部到桥面高度约98米），地势险要。

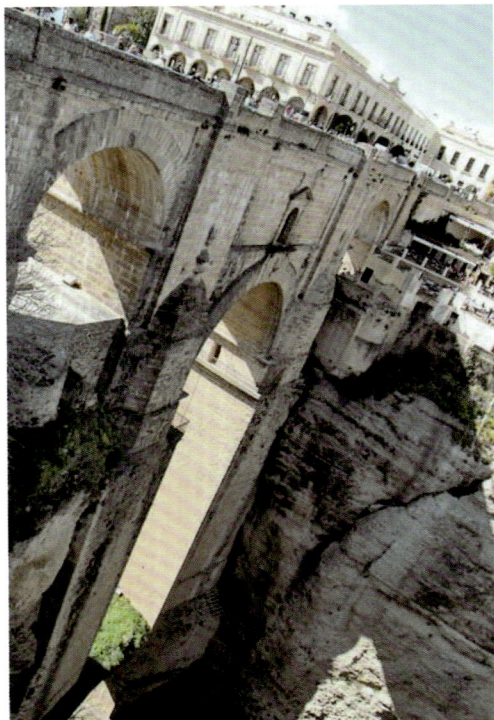

龙达断崖

　　桥头两端的建筑分别是圣多明哥修道院（Convent of Santo Domingo）和帕拉多宾馆（Parador Hotel）。远处是美丽的田园风光，此处留影今生难忘。

　　龙达从来不缺少名人效应，美国著名作家海明威在他的多部小说中提及龙达。1937年至1938年期间，他以战地记者的身份奔波于西班牙内战前线，他是支持共和派反对弗朗哥"右翼"军人的。海明威也许在这里完成了以西班牙内战为背景的反法西斯主义长篇小说《丧钟为谁而鸣》的初稿。小说是1940年出版的，那时西班牙内战已经结束，弗朗哥叛乱军队在德意法西斯的帮助下夺取了政权。有读者认为，小说在描述内战初期交战双方为争夺小镇而相互屠杀，并将尸体扔下悬崖，以及镇公所、桥、斗牛等故事场景就是龙达。为此我也买了一本仔细翻阅，书中并没有提及龙达二字，不过场景的描写可以想象。倒是书中多次提到被誉为"热情之花"的西班牙共产党总书记多洛雷斯·伊巴露丽（Dolores Ibarruri）以及她的名言"宁愿站着死，绝不跪着生"（It is better to die on your feet to live on your knees），印象深刻。我前面也提到过，伊巴露丽曾于20世纪50年代访问中国并受到毛泽东主席的接见。

　　《丧钟为谁而鸣》是一部悲壮的爱情故事，主人翁罗伯特·乔丹是一位有着正义感的美国青年，在大学教西班牙语，西班牙内战发生后，他志愿参加共和派军队与弗朗哥法西斯军人作战。罗伯特经受了爱情与责任、生与死的考验。在战火纷飞中，他的人生观不断得到升华。他奉命深入敌后去完成炸桥任务，在炸毁桥梁撤退时不幸大腿受了重伤，为了掩护战友和心爱的姑娘，他决定独自留下狙击敌人，最终为西班牙人民献出了年轻的生命。故事情节仅局限在三天时间中，文字却洋洋洒洒几十万，显示出作者对正义事业的追求，对西班牙人民的热爱，对人性情感的刻画达到了很高的境界。

海明威最有名的小说是《老人与海》，这是他战后住在古巴时的一段经历。（古巴也是我周游世界旅行计划的目的地之一，会尽快实现。）身为美国记者的海明威具有独特的性格和硬汉形象，他的政治立场对现代欧美文学产生了深远的影响。1952年，《老人与海》问世，受到广泛好评，因此获得了1954年诺贝尔文学奖。但是卡斯特罗掌权后，他离开古巴返美定居。他一生结了四次婚，身体有多处旧伤，百病缠身，精神忧郁，1961年7月2日用猎枪自杀。

龙达是西班牙人心目中的圣地，每年五月份是龙达的斗牛节，也只有在那个时候，游客们才有机会感受到斗牛之城特有的热情和血脉贲张的感觉。

海明威在另一部介绍斗牛士的小说《死在午后》中写道："如果你要去看斗牛，你第一次看斗牛，这个地方就是龙达。那是你去西班牙度蜜月，或者与人私奔，该去的地方。整个城市以及你目之所及的任何一个方向，都有一个富有浪漫色彩的背景。"龙达"山高皇帝远"，田园幽静，风景优美，艳遇率极高。满街都是穿着艳丽花哨服饰的女人，年轻的和年老的浓妆艳抹，尤其是年轻姑娘会主动跟游客"飞吻"打招呼，摆出姿态让你拍照。音乐响起，翩翩起舞。

海明威住过的宾馆

塞维利亚

塞维利亚是西班牙第四大城市,安达卢西亚自治区政府所在地。中世纪这里曾经是摩尔人统治西班牙时期的大都市。基督教国王"光复"后,这里又成了西班牙航海史上光辉一页的见证。1492年哥伦布发现美洲大陆后,这里曾设有"西印度群岛(即美洲)交易之家",在几个世纪里塞维利亚垄断着西班牙的海外贸易。

　　我们从龙达出发,赶达塞维利亚已经接近黄昏,暮色苍茫中的塞维利亚西班牙广场,显得神奇梦幻。半圆形的宫廷式建筑把广场团团围住,宏伟的尖顶似一幅釉色绚丽的画卷,漫步于美丽的西班牙广场,在中央喷泉前合影留念,领略传统与现代建筑艺术的完美融合。

　　一路走下来,在西班牙各地都能看到西班牙广场,名称相同但各不一样。马德里竖立了塞万提斯像,巴塞罗那是一组民俗雕像,龙达是斗牛士铜像,塞维利亚的西班牙广场则是一座半月形的古典建筑群围绕着绿地广场,簇拥着中央喷泉,别具中世纪典雅之风格。

西班牙广场

黄金塔

　　尤其值得一提的是，整个广场半圆形回廊建筑的下部用瓷砖镶嵌各具特色的釉面画，表现出原西班牙58个省、市、自治区的徽标和典故。这里曾经是1929年举办的伊比利亚美洲博览会所在地，大概也就是面向讲西班牙语的拉丁美洲国家显示贸易和文化成就吧！西班牙殖民者的后裔回到母语国的感觉会很好。

　　第二天上午，我们先来到西班牙最大的内陆河流——瓜拉基维河畔看看黄金塔。黄金塔是塞维利亚辉煌航海史的见证，据说哥伦布远航回来第一次上岸就是在塞维利亚，带回来进贡给国王的黄金珠宝礼物也是由这里转运至马德里。从此，这里就是那些满载着黄金白银从美洲回来的船只的终点；人们修建黄金塔用金色瓷砖贴面，以纪念那时的辉煌岁月。

　　在塞维利亚大教堂的南侧的西印度群岛综合档案馆保存着15—16世纪西班牙大航海时期的远洋档案和新大陆的历史资料。塞维利亚大教堂和西印度群岛档案馆都被联合国教科文组织列入世界遗产名录。

塞维利亚大教堂（Catedral de Sevillay）是塞维利亚最著名的建筑。它是与梵蒂冈圣彼得大教堂、伦敦圣保罗大教堂齐名的"世界三大教堂"之一。大教堂原本是一座大清真寺，这要归功于摩尔人长达500年统治安达卢西亚地区时，伊斯兰教信众而打下的基础。14世纪末期，基督教统治者拆除了清真寺的圆顶，在此基础上历经百年时间才翻建了这座规模宏大的哥特式教堂。即便如此，现在的塞维利亚大教堂的圆形拱门、外墙及窗饰还显露出清真寺的印记和风格。

伟大的航海家哥伦布的灵柩就安放在这座教堂中。哥伦布发现了新大陆，却至死都认为是印度。12年后，另一位意大利探险家阿美里戈·韦斯普奇（Amerigo Vespucci）到达了南美洲海岸，并意识到这是一个不同于亚洲的新大陆，而以自己的名字将其命名为"America"。我们到访时教堂正在维修，哥伦布的墓地就在教堂的一侧，却没有机会"一睹为拜"了。

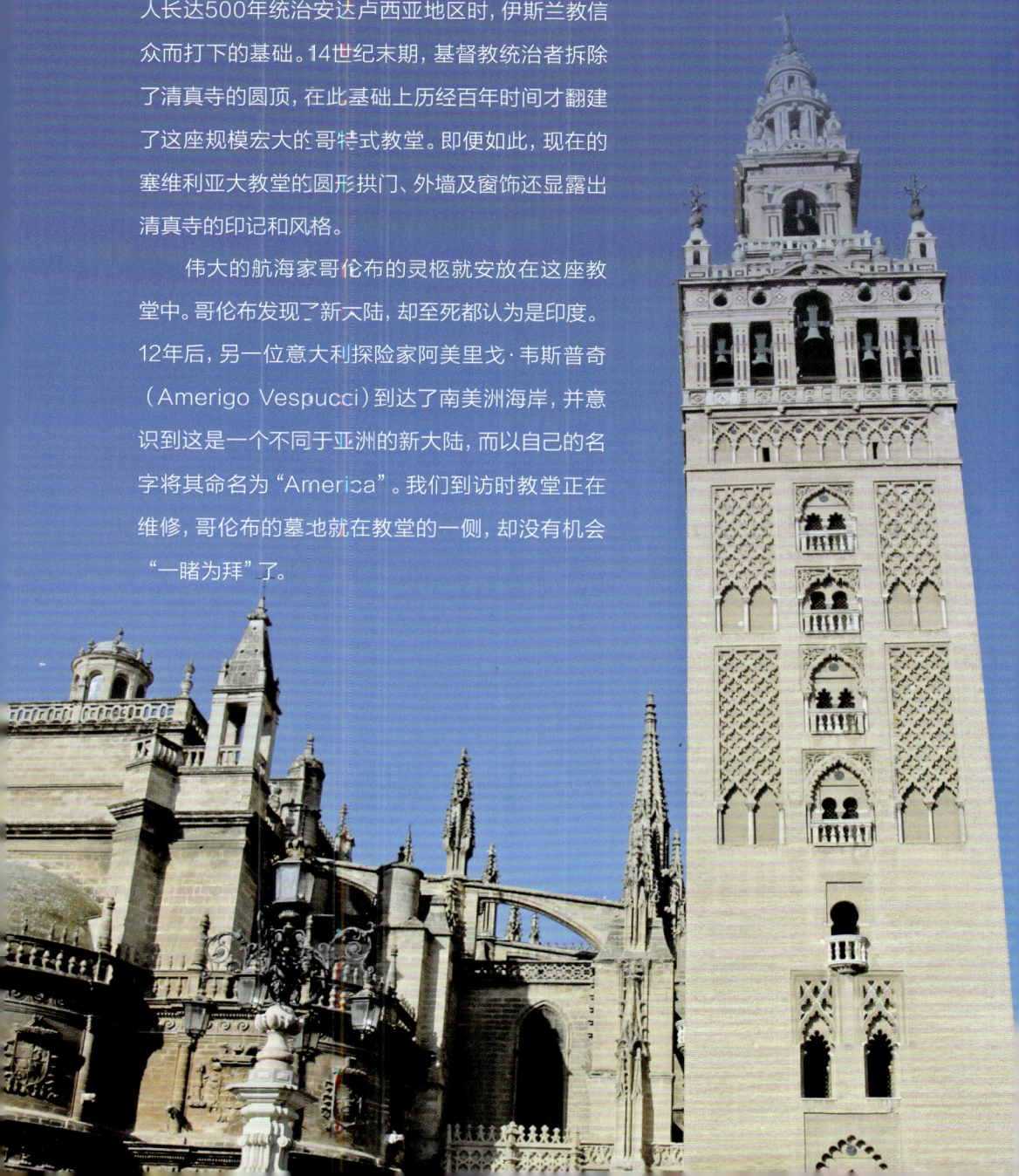

这座高耸入云的方形塔楼被当地人称作"希拉尔达塔"（西班牙语：Giralda，译为：风向塔），为原清真寺仅存的部分，塔高98米，外墙饰面上的花纹图案保留着阿拉伯文化艺术的风采。塔顶钟楼装有25口大钟，钟楼顶上有一尊巨大铜像，名为塞维亚胜利女神（El Giraldillo）。胜利女神昂然屹立，手持一面高达4米的旗帜，据说有风向标的作用。塔内没有楼梯，只有环形坡道，当时为骑士登塔时无须下马而

瓜拉基维河畔的塞维利亚

设计。登上钟楼观景台可以饱览美丽的塞维利亚全貌。

　　跟刚刚到过的格拉纳达、龙达等南方城镇一样，塞维利亚也是一座橘果飘香的城市，遍布公园、街巷的果树没有人采摘，早春二月西班牙的气候要比我国炎热。马埃斯多兰萨斗牛场始建于18世纪，历经120年方才完工，是西班牙最具代表性的斗牛场之一。塞维利亚也将这座斗牛场视为城市自身文化的传承。

Tips:

酒店：GIT VIA SEVILLA MAIRENA

地址：Avenida De Los Descubrimientos Mairena Del
　　　Aljarafe, Seville 41927

电话：+34 95 5137678

传真：+34 955 417953

卡塞雷斯

　　卡塞雷斯是我们西班牙之行的最后一站。从塞维利亚出发车行两小时，到达西班牙埃斯特雷马杜拉自治区的卡塞雷斯省省府卡塞雷斯。这里曾是西班牙故都，人口约7万。它的历史可以追溯到公元前20000年的旧石器时代。穿过曲折迂回、白色基调的美洲新大陆风格的老街，来到市中心马约尔广场，呈现出来的是由一圈石头城墙围起来的世界文化遗产——卡塞雷斯老城。1986年，卡塞雷斯被列为世界文化遗产城市。

　　据说卡塞雷斯老城也是欧洲保存得最好的古老城市之一。在其摩尔式城堡围墙内，有大量的宫殿、教堂、官邸等，这些建筑物都具有中世纪特色。公元1229年，卡斯蒂利亚王国军队在国王阿方索九世的领导下最终从摩尔人手中夺取了卡塞雷斯。后来成为卡塞雷斯兄弟骑士会基地，该会最终发展为西班牙最高贵的圣地亚哥骑士团。从14世纪到16世纪，随着"复地运动"（所谓驱赶摩尔人恢复西班牙的运动）的结束，大批基督教绅士拥入，以及美洲大陆的发现，卡塞雷斯乃至整个西班

卡塞雷斯老城

星辰拱门

牙弥漫着狂热的气氛，小城的骑士人数一度多达300人，他们的宫殿几步之隔，每个骑士望族都拥有中世纪的防御塔楼，并且相互争战。到了1476年，联姻的费尔南多国王和伊莎贝拉女王下令摧毁大多数塔楼，只留下属于皇家亲属的私人财产。而现今保留下来的塔楼中，最引人注目的或许就是位于马约尔广场上的瞭望塔。马约尔广场东侧是星辰拱门（Arco de La Estrella），是曼纽尔·丘里格拉于1726年建造的。进入星辰拱门就是卡塞雷斯老城，正对着的叫作"拱星街"。穿过狭窄的拱星街可以到达圣玛利亚广场。左侧是卡塞雷斯圣公会主教宫殿的边门。导游在这个门前解说了一阵子，我只顾拍照没有细听，可以肯定的是这个建筑历史悠久，非常重要。

位于圣玛丽亚广场西侧的卡塞雷斯圣公会主教宫，别看外表破旧，却是卡塞雷斯

拱星街和圣玛利亚广场的卡塞雷斯圣公会主教宫

卡塞雷斯省议会

最重要的古迹，大主教的小轿车就停在侧门。卡塞雷斯古城堡中心是圣玛丽亚广场，右侧是圣母玛丽亚圣公会教堂，其一侧有一座圣像，再往前悬挂旗帜的建筑是卡塞雷斯省议会。

在这座古城中间转了一圈，除了游客，几乎没有碰见当地居民。古城外面的马约尔广场倒是人头攒动。坐下来喝杯茶理所当然可以借用咖啡馆的WC，这是欧洲人的"潜规则"，也是我们旅游的小窍门。

历时一周的西班牙旅程就要结束了，接下来驱车190公里前往葡萄牙边境小城——埃维拉（Evora）。

埃维拉与里斯本

对于中国人来说，提到葡萄牙是否有点屈辱感？澳门作为它的殖民地长达400多年。这么一个只有1000万人口的小国，在大航海时代虽不及西班牙却也扮演着活跃的角色，是当时重要的海上强国。全盛时期的葡萄牙甚至和西班牙共同签署了《托尔德西里亚斯条约》，意图瓜分世界。葡萄牙殖民活动长达几百年，包括53个国家和地区，使其官方语言葡萄牙语成为约2.4亿人的共同母语，是世界第八大语言。我们在葡萄牙逗留也就两天，到过两座城市，一是埃维拉，一是首都里斯本。

从西班牙的西部城市卡塞雷斯车行190公里就到埃维拉。这是一座中世纪古城，15世纪曾是葡萄牙皇宫所在地，16世纪成为葡萄牙的第二大重要城市。据资料介绍这里集中了从古罗马到文艺复兴，从西哥特到摩尔时期的不同艺术风格和流派的建筑作品，虽历尽沧桑，仍较完整地保存下来了。因此，联合国教科文组织于1986年将其确定为世界文化遗产城市。我们来到时已是黄昏，跟着导游在城中心的几个小广场转了一圈，没有多少值得称赞的地方，总体感觉比较陈旧，窄窄的石板路，老式的房子，一座古罗马神殿遗址。埃维拉古罗马广场罗马神殿遗迹是公

埃维拉古罗马广场罗马神殿遗迹

人骨小教堂

元2世纪罗马人统治时建造的，14根石柱在风雨中飘摇了1800多年。

值得一提的是一座人骨小教堂（葡萄牙语：Capela dos Ossos），它是古城中心的圣弗朗西斯大教堂的一部分，是信徒们祈祷和冥想人生的地方。据说建设人骨教堂的起因是14世纪的一场黑死病和15世纪的一场战争导致的数万多人丧生。16世纪在修建圣弗朗西斯教堂时，周围墓地发现了这些尸骨，约有5000具。教徒们认为：死亡是神圣的，天主教会既尊重生，也尊重死。于是决定将这些尸骨充当装饰材料堆砌或镶嵌在墙壁和天花板上，奉献给上帝，也警示世人。教堂的入口处大理石的古典门楣的碑文上写着："我们的骨头在这儿，我们等着您。"教堂的右边是希尔维拉大三教卡洛斯（Bishop Jacinto Carlos da Silverira）的坟墓，他是1808年被拿破仑士兵杀害的。这座人骨教堂，大概是世界上唯一的吧，反正我第一次见到。

看这所教堂要有点心理准备，骷髅人骨看起来总是有点阴森恐怖！建设这座教堂的创意大概是为了警示世人：人生苦短，人死后不过是一堆白骨而已，只有信仰与上帝才是永恒。当然我等无神论者不以为然。

看了人骨教堂，我们就从埃维拉出发前往里斯本。出城时看到大街旁边悬挂有"镰刀斧头"的广告牌，很有亲切感。导游介绍，埃维拉附近有跨国公司飞机、汽车零配件配套的生产厂，产业工人比较多，不像首都里斯本有那么多的政府机构、商家、酒店等白领人士。这也造就了埃维拉独特的产业工人集聚，共产党人在这个城市占优。

埃维拉的早晨

　　一直以来在欧洲旅游我也留意，许多国家像法国、西班牙、葡萄牙长期以来是"左翼"的社会党或者社会民主党执政，包括英国的工党，追根求源他们也是马克思、恩格斯追随者派生出来的政党。第一次世界大战前后，信仰马克思主义的社会主义者分裂成两大派系，一派是所谓第二国际，一派是所谓第三国际。前者信仰马克思主义，主张开展议会政治与资产阶级政党斗争；后者主张通过武装斗争夺取政权，实行无产阶级专政，不允许资产阶级政党存在。后者是以列宁为代表，苏联、中国都是第三国际发展的产物。而西欧的那些国家，也就是资本主义经济相对发达的国家，马克思主义政党纷纷改旗易帜称作"社会党"，他们认为资本主义历史阶段不可逾越，但是可以在这些国家推行社会主义的主张，如缩小贫富差距、增加社会福利，实行社会公平正义，因此屡屡大选能够获胜并执政。这些国家也有共产党，主张维护产业工人的合法权利，组织工会与资方谈判，但是没有通过竞选获胜的先例，最多是跟社会党组成"左翼"联盟参与执政。

　　从埃维拉到里斯本大约一个小时的车程，我们首先来到里斯本的西郊海边，寻访著名的罗卡角（葡萄牙语：Cabo da Roca，英语：Cape Roca）。罗卡角是一处海拔约140米的狭窄悬崖，距离里斯本约40公里，处于葡萄牙的最西端，也是整个欧亚大陆的最西端。在罗卡角的山崖上建有一座灯塔和一个面向大洋的记载精确经纬度的十字架纪念碑。碑上以葡萄牙语刻有一句名言："陆止于此、海始于斯。"

里斯本帝国广场

　　大概十五年前，我出差去过南非开普敦，还专程寻访到了好望角。罗卡角、好望角都是闻名遐迩的航海地理位置。要说的是，好望角（Cape of Good Hope）是1488年春天由葡萄牙航海家巴尔托洛梅乌·缪·迪亚士最早探险至非洲最南端发现的。这也为后来葡萄牙航海探险家从大西洋绕过好望角进印度洋最终来到亚洲奠定了基础。1497年底葡萄牙著名航海家瓦斯科·达·伽马率船队绕过好望角，历时两年到达印度，开辟了人类从西欧通往印度洋的航路。1517年，葡萄牙商人费尔南多·安德拉德到达广州，其与明朝朝廷的接触被认为是近代中国与欧洲交往的开端。1553年，开始有葡萄牙人在澳门居住，并开始与中国进行贸易。300年后的1887年12月1日，葡萄牙与清朝政府签订《中葡和好通商条约》等文件，正式通过外交文书的手续租借澳门。与西方的交往也开启了封建封闭的东方大国的大门，开始了接受现代工业文明的历史。

看过罗卡角，我们来到里斯本一家福建餐馆吃午饭，福建人也是最早出远洋"讨生活"的，改革开放后老百姓有机会放眼世界，国家才得以发展。

里斯本（Lisbor）是葡萄牙共和国的首都，也是葡萄牙最大的海港城市。这里冬天不结冰，夏天不炎热，四季花开，风景宜人。午饭后我们首先来到里斯本帝国广场（Praca Imperio）。这个广场不在市中心，而是在靠近出海口的贝伦区，著名的热罗尼莫斯修道院（葡萄牙语：Mosteiro dos Jeronimos）就在这个广场上。热罗尼莫斯修道院被认为是流行于16世纪初期的曼努埃尔式建筑的典型代表。建筑宏观上高大磅礴、华丽圣洁，微观上精雕细琢，堪称人类中世纪建筑史上的登峰造极之作。

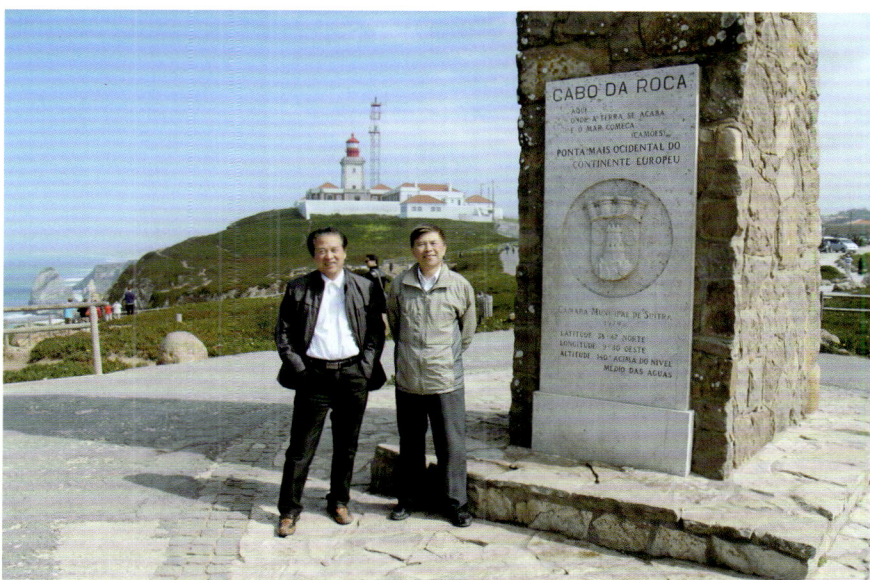

罗卡角纪念碑合影

1983年，修道院与海湾处的贝伦塔（Torre de Belem）一起被列为世界文化遗产。大航海年代正值这所修道院的鼎盛时期，航海家出海探险前都要在此祈祷平安，国王贵族都要在此举办盛大的加冕庆典。修道院内安放了许多葡国知名人士的墓地，如航海家瓦斯科·达·伽马和著名诗人卡摩安兹。现在修道院已经年久失修了，外表看上去还是给人脱俗超凡的感觉。这所修道院是里斯本唯一不可错过的名胜，也是这座港口城市最显眼的地标建筑。提到航海家瓦斯科·达·伽马（Vasco da Gama，也译为华士古·达·伽马），如果去过澳门市中心华士古花园的一定会注意到花园中央的铜像就是瓦斯科·达·伽马。据碑文记载，1898年，为庆祝达·伽马开辟欧印航路400周年，当时的澳门葡萄牙当局建设了这个花园，命名为"华士古花园"。看来澳门人还是尊重历史的，尽管已经回归多年，花园依旧维护得挺好，至今这个花园仍然是澳门居民休闲聚会的地方。

航海纪念碑

热罗尼莫斯修道院的对面靠近海港的地方有一座航海纪念碑（Padrao dos Descobrimentos），又叫"发现者纪念碑"。纪念碑造型优美，宏伟壮观，远看好像航行在碧波万顷中的巨型帆船。纪念碑建于1960年，为的是纪念航海家亨利王子（Infante D. Henrique）逝世500周年。航海家亨利在15世纪对葡萄牙航海事业做出了重大贡献。1415年8月21日，亨利率领葡萄牙舰队征服北非的伊斯兰贸易中心休达，后来葡萄牙的航海家与探险家陆续发现了亚速尔群岛、佛得角、比奥科岛、圣多美岛、普林西比岛和安诺本岛等多个无人居住的岛屿。葡萄牙的殖民帝国地位得以确立。

航海纪念碑是一艘石刻的大帆船，亨利船长像屹立在船头，四周站立着协助亨利的航海家、两位将军、传教士、地理学家、数学家、工匠等人物雕像。碑上的浮雕再现了当年葡萄牙航海家周游世界、搏击风浪的英勇壮举。广场的水泥地上，能工巧匠们制作的一幅巨大的世界地图，清晰地标出了葡萄牙航海家远航世界各地的年代、地点和航线，使游人对葡萄牙航海史一目了然。说起殖民主义，总是用坚船利炮开路，确实有其弊端，方法不够"亲切"，但换种思维，它也间接推动了人类文明的进步。就像我们以一种虔诚的心纪念郑和下西洋一样，葡萄牙人认为先辈们的航海事业也足以让他们骄傲。

航海纪念碑言方是4月25日大桥（Ponte 25 de Abil），曾经是欧洲第一长桥，世界第三长悬索桥。大桥建于1966年，最初以当时的独裁者安东尼奥·德·萨拉查命名。1974年4月25日葡萄牙发生革命，推翻了长达36年的萨拉查军政府的统治，为了纪念那场民主革命大桥更名。由此看来，独裁者政府建设了如此辉煌的大桥，按说功劳也不小，但是政治民主化改革的历史趋势谁也改变不了，用独裁者的名字命名是不能被接受的。

4月25日大桥

从大桥望过云，还有一座十字架的耶稣像（Cristo Rei），坐落在大桥南边的山坡上。长焦距拉近一拍，感觉跟巴西里约热内卢的那座耶稣像一样。只是里约的那座像竖立的山峰更高，感觉更高大。

巴西也曾是葡萄牙的殖民地，我前年去过，感觉两个国家非常相像，耶稣像、街道、建筑，尤其是黑白石块铺的道路，这些情况在澳门也可以见到。17世纪时，大量葡萄牙人移民巴西，后来为了防止人口流失，葡国国王约翰五世下令禁止葡萄牙人移民。然而到了1307年，拿破仑进攻葡萄牙，王室与大部分贵族逃亡到巴西里约热内卢，十多年间把里约当作葡萄牙的首都，这种情况也是当时欧洲仅有的。1820年8月，葡萄牙发生革命，新政府的头件事就是请流亡到巴西的国王若昂六世回国。1821年7月若昂六世最终带着几乎所有的王室成员和大臣们回到里斯本。巴西独立成为国家也是后来的事了。

　　航海纪念碑再向西走约500米可以看到另一个世纪文化遗产——贝伦塔（Torre de Belem），它位于连接大西洋的特茹河出海口，是16世纪初的建筑。贝伦塔是葡萄牙的象征、里斯本的地标，历史上曾是海关、电报站、灯塔所在地，也是葡萄牙远洋海运业兴衰的见证。只是我们没有时间游览了。

　　在帝国广场东边的贝伦大街上有一家历史最悠久的葡萄牙特色美食蛋挞店。导游专门介绍大家前往品尝。我和"驴友"无兴趣，没有品尝就抓紧时间出发去景点拍照，因此我们比同行的朋友多拍了修道院、航海纪念碑、4月25日大桥等景点。

　　贝伦蛋挞店（Pasteis de Belem）是1837年开业的世界上第一家蛋挞店，据说蛋挞最初是热罗尼莫斯修道院的修女发明的"奶油酥皮馅饼"，后来传到市面上广受欢迎，现在已经成为葡萄牙最出名的食品。

　　接下来我们来到里斯本商贸广场（Praca do Comercio），最早叫作"宫殿广场"，毁于1755年里斯本9级大地震的葡国皇宫就在这个地方。城市重建过程中广场规划成为葡萄牙与他国进行商业贸易的中心，周边色彩鲜艳的建筑都是政府和商业机构。广场中央是唐·约瑟一世（Dom Jose I）国王雕像，他英姿威武地骑着马面朝特茹河港湾的方向，背后是华丽的凯旋门。

里斯本商贸广场

奥古斯塔街凯旋门

　　毗邻海湾的里斯本商贸广场风景优美，现在更多的功能是市民休闲娱乐和游客旅游观赏的景点。

　　奥古斯塔街凯旋门（Arco da Rua Augusta）位于商贸广场与通向市中心的奥古斯塔大街之间。凯旋门顶上的女神代表着荣耀，两侧的人物都是葡萄牙历史上的重要人物如航海家瓦斯科·达·伽马、重建里斯本市的贵族庞巴尔侯爵等。

　　穿过凯旋门就进入了通往市中心的奥古斯塔大街。

　　从商贸广场走进里斯本市中心，经过几个著名的广场和街道，走到城市最西端的庞巴尔侯爵广场，全长约4公里。这条城市中轴线是游人如织的街区，就像巴黎的香榭丽舍大街、北京王府井、上海南京路一样，沿途商家林立，不乏世界名牌专卖店等。这些重要的广场和景点，如罗西欧广场、无花果广场、光复广场、自由大道等，都是里斯本的荣耀，因为这是在9级大地震之后，历经数百年不断建设而成的。广场上树立的几位君王的雕像，寄托了老百姓对领导国家和重建城市英雄的尊重，也体现了普通民众的劳动智慧。

罗西欧广场

正对着凯旋门的这个广场是里斯本的心脏——罗西欧广场（Praca Rossio，也叫作佩德罗四世广场Praca de D Pedro）。广场初建于13世纪，大地震中被夷为平地，佩德罗四世当政时开始恢复重建，周边的建筑群、高耸的国王立柱、花坛喷泉等体现出古典朴实的风格。这里也是里斯本的公共交通枢纽，地铁站、有轨电车、巴士线路等交汇于此，成为里斯本人每天的必经之处。广场的正中央有一座高耸的石柱，上面是葡萄牙国王唐·佩德罗四世（D.Pedro IV）的铜像。

整个广场的地面铺设有葡萄牙特色的黑白石块组成的图案，加上佩德罗柱像南北两侧各有一座造型优美、动感十足的铜质喷泉，使整个广场生机盎然。广场的北侧是葡萄牙玛利亚二世国家剧院（Teatro National D Maria II），这是一座古希腊神殿风格的建筑。这种黑白碎石块铺设的道路在葡萄牙殖民地的城市都能够见到，像澳门、里约、圣保罗等。在罗西欧广场的东面是无花果广场（Praça da Figueira）。这个广场更加小巧精致，四周建筑同样古色古香，有年轻人在这里玩滑板，还有摊贩的叫卖声，热闹非凡。

光复广场是为了纪念被西班牙统治60年后，1640年葡萄牙重新获得独立而建。广场中央的方尖碑竖立于1886年，象征"独立"和"胜利"。光复广场周围最引人注目的两座建筑分别是建于18世纪的古典建筑——福斯宫酒店和外表立面艺术装饰感很强的伊甸园剧院（Teatro Eden）。

光复广场

在滚石音乐屋对面的街口，我发现了可以爬坡的有轨电车，以为是里斯本著名的"圣胡斯塔升降机"，过去一问原来不是这里，而是在罗西欧广场附近。这里称为'光荣升降机"（the Gloria

里斯本特有的升降机有轨电车

Funicular），跟圣胡斯塔升降机一样都被列入了国家级古迹名录，这个升降有轨电车建设于1885年，用于连接从自由大道到Bairro Alto高地的交通工具。里斯本地势起伏，为了解决这个问题而建了几条类似的升降机，其实只有圣胡斯塔升降机是垂直起降，其他几条线路是可以爬坡的缆索有轨电车。

　　号称里斯本"香榭丽舍大道"的自由大道（Avenida da Liberdade），南端起点是光复广场（Praca Restauradores），北端终点是庞巴尔侯爵广场，它是里斯本最宽敞豪华的大街。自由大道长1.2公里，主路与辅路之间的隔离带绿树成荫。大路两边都是世界名牌商店、高级酒店、银行机构等。老友在这里购买了一块世界名表作为葡萄牙旅游的纪念。我和弟兄则给小辈买了两个小挂件，也是不错的纪念了。

　　自由大道的西北端就是著名的庞巴尔侯爵广场，这个广场及背后的爱德华七

世公园是里斯本最漂亮的绿地或者称作"绿肺"，占地26公顷。1903年英皇爱德华七世出访葡萄牙，这是他登基后第一次出访，为了纪念这次访问，这个公园用他的名字命名。历史上，英国一直是支持葡萄牙独立的，尤其是近代史上葡萄牙与西班牙有矛盾时。庞巴尔侯爵是大地震时期葡萄牙的首相，他为城市重建立下不朽功勋，广场以他名字命名。由于在光荣缆车处多滞留了一会，天色昏暗下来，我没走到庞巴尔广场，只能欣赏下"驴友"拍的几张照片。里斯本游览也就一天时间，比较急促，主要的景点都走到了，算是圆满了吧。

Tips:

埃维拉

酒店：M'AR DE AR MURALHAS（四星）

地址：Travessa da Palmeira 4/6 Evora 7000-546

电话：+351 266739300

传真：+351 266739305

里斯本

酒店：LISBOA ALMADA（四星）

地址：Rua Abel Salazar, No 9/9A Pragal, Almada 2805-313

电话：+351 212 761401

传真：+351 212 760538

意大利行程路线图

法国

克罗地.

意大利

威尼斯 E

F 米兰

佛罗伦萨

比萨 D C

尼斯 H G 摩纳哥

罗马 B

那不勒斯 A

意大利

2016年4月，又是一个春天，又是去南欧，旅友们又上路了。只不过这一次是去意大利，去领略文明古国的风采，去感受"文艺复兴"的震憾，去沐浴蔚蓝色海岸的春风阳光。

一则说说

那不勒斯

　　这是"驴友"们精挑细选的线路，首站到了意大利中南部的海滨城市——那不勒斯，一座仅次于米兰和罗马的意大利第三大都会。到这里不是来看城市的，但又是来看城市的，是来看约2000年前被维苏威火山喷发掩埋的古城——庞贝（POMPEII），一座迄今为止世界上最大、最完整的被挖掘出来的古城。从公元79年被火山吞没，到1707年人们打井时偶尔挖出艺术雕像，这座古城在火山熔岩碎石下沉睡了上千年，后来陆续被发现，人们才意识到有一座古代城市正完整地被密封在他们脚下的火山石屑的尘土中。近百年来不断地考古发掘，约70%的废墟被展现出来，庞贝原来是古罗马时期规模仅次于罗马的城市。前年上映的好莱坞3D大片《庞贝末日》就是讲述关于这件历史事件的爱情灾难片，看过印象深刻。

遗址街道

庞贝大剧场、小剧场、角斗士营房庭院等遗址

庞贝古城遗址位于那不勒斯市郊约20公里，维苏威火山东南脚下10公里处，市区有多条公交线路到达。在游客中心可以索取中文导游手册，游览起来非常方便。用现在的眼光看，庞贝古城不算大，面积仅约70公顷，相当于1000多亩地。据考证，古城始建于公元前6世纪，公元79年毁于维苏威火山大爆发时已经存在了700年。由于是被火山灰掩埋，街道房屋保存比较完整，从1748年起考古发掘持续至今，对于了解古罗马社会生活和文化艺术提供了重要资料。整个废墟遗址有3个参观入口，我们从大剧院入口进入，由当地一位自学华语的导游带着，用了半天时间游览庞贝古城的几个重要景点，也就是9个区域中的2个区域的几条街道，据说要是走完所有景点估计得两天时间。非常遗憾的是一场瓢泼大雨影响了观光的情绪，拍摄的效果也大打折扣。

古城主干道都由乌黑的石块铺就，深深的车辙印记说明古城当年车水马龙的景象。从景区第Ⅷ区开始参观。这里最早被发掘，部分区域只供考古研究，不对游客开放。我们先看了大剧院、小剧院和角斗士营房，这个半圆形剧场依山坡而建，典型的古罗马建筑风格，据说建立于公元前2世纪，有3层观众席，最上层仍保留着当年支撑顶棚的支柱。剧场一侧是小剧院和角斗士的营房。庞贝还有一个规

科尔涅利乌斯之家

模更大的古罗马圆形露天竞技场，就是电影《庞贝末日》中奴隶斗士相互残杀的演艺场，位于古城遗址最东边较远区域（第II区），也是目前见过的最古老的露天竞技场，可容纳近2万人，这个规模就是放到现在也是个不小的娱乐场所。据说这里建成时间比著名的罗马圆形竞技场还要早50余年。经过几百年的考古发掘，大部分珍贵的文物都存放在那不勒斯国家考古博物馆内，现在这里呈现的主要是毁损的建筑物废墟，有的做了些整理修缮，为的是让游客方便参观。展区中的青铜人物像应该是近代的，只为装点气氛而已吧。

角斗士营房的庭院，营房的门洞里关着奴隶角斗士，考古发掘时发现了被锁着脚链的奴隶化石。

科尔涅利乌斯之家的前院有一个大理石砌成的水池，居所残存的廊柱，都显示着住家的富有，据说发掘出许多珍贵文物，现存于市政广场展区和那不勒斯考古博物馆。在小剧场旁边的一个院落被称为宙斯梅利克俄斯神庙，据称是1766—1798年发掘的用于祭拜神灵的祭坛。

斯塔比亚温泉

公共浴室

斯塔比亚温泉属于第VII区，是发掘出买最大的、最完整的一间古老的浴场遗址，大厅墙壁顶棚上的壁画依稀可见，室内墙上的雕塑非常细致，有男女更衣间和各自的浴室，并建有温水池、热水池和游泳池等，浴室内的大理石浴盆也是使用价值连城双层设计结构的地板，用下方冒出的蒸汽来保持浴场内的温度，非常考究。浴场院内长长的圆柱回廊说明出入于此的多为重要人物。

导游特地介绍了街道拐角的路标，代表庞贝的"红灯区"到了。作为考古学家研究庞贝人文历史的一个侧面，就是当年的娱乐场所——妓院遗址，墙壁上生动的画面介绍了这个居所的用途，反映了当年贵族或者市民生活的一面。据说不大的庞贝城却有着25家妓院，目前让游客参观的仅是其中一个代表，大量的壁画文物收藏品都在那不勒斯考古历史博物馆供专业研究。妓院街不远处的一户富有人家，地面用了马赛克装饰的图案，栩栩如生。

庞贝市政广场

卷曲的人体和动物的化石展品

　　庞贝市政广场是昔日庞贝的政治、经济、宗教、集会中心。广场是南北向长方形的，南端是政权机构，西侧是长方形的大会堂（Basilica），正面和东侧分别是议会厅和市政厅（Comitium ed Edifici Municipali）。广场四周有阿波罗、宙斯、守护神维纳斯等众神的殿堂废墟，断垣残壁彰显其当年的巨大规模。广场北端是规模最大的神殿建筑——宙斯神殿，两侧的凯旋门依旧威然屹立，据说天气好时背衬着维苏威火山极为壮观，是拍照合影的最佳位置。我们碰上阴雨，有点沮丧。这座火山毁灭了庞贝的生灵，客观上说也保留了历史文物，为后人研究古罗马历史人文建筑艺术提供了绝佳依据。

　　广场的西北角有一个货架仓库样的展区，据说是当年的粮仓，里面陈列着大量的出土文物，包括陶罐器皿等，最为触目惊心的展品是考古发掘时发现的卷曲的人体和动物的化石，火山熔岩突然吞没来不及逃离的人们，熔岩固化保留了那一刹那间的形态，人体的有机物质腐烂钙化后，形成了人体化石。据说发掘庞贝古城以来，已经发现了上千具遇难者的遗体。人们发现被火山熔岩包裹的人体腐烂了，在凝固的熔岩中留下了人体的空腔，为了完整保留这些遗体，考古学家把石膏液灌进空腔中，等石膏液凝固后，再剥去外面的熔岩，一具具遇难者临终前的石膏像就出现了。"一个母亲倒下时与她的女儿紧紧地抱在一起，一个乞丐手里拿着一个装满小钱的钱袋，还有几个用铁链锁着的角斗奴隶蜷缩在墙角"，"扭曲的身姿和狰狞的面庞似乎还在发出临终前凄惨的嚎叫……"参与发掘庞贝城的历史学家瓦尼奥说："那是多么令人惊骇的景象啊！许多人在睡梦中死去，也有人在家门口死去。他们高举手臂张口喘着粗气，不少人家的面包仍在烤炉上，狗还拴在门边的链子上；奴隶们还带着绳索；图书馆书架上还摆放着草纸做成的书卷，墙上还贴着选举标语，涂写着爱情的词句……""尽情享受生活吧，明天是捉摸不定的"，这是被发掘的一副酒具上的铭文，2000年前庞贝人"宿命论"已经达到如此的境界。

　　参观完了庞贝遗址，我们在景区的匹萨饼店品尝了地道意大利匹萨饼，同时躲雨待晴，运气挺好，午餐后天就放晴了，继续我们的行程。

　　离庞贝遗址不远处，有被誉为"人生必游的50个地方"之一的阿玛菲海岸（Amalfi），这是著名的《国家地理》杂志耗时2年在全球评选出来的景点。我们算是光顾过而已。让我说这个海岸实在一般，沙滩浴场很小，沙子也不够白，也许是没有时间进入小镇深游，要住下了细细品味才能够体验到评选专家们享受到的乐趣。在我看来，建在悬崖峭壁上的索伦托（Sorrento）倒是那不勒斯附近最值得一去的小镇，这里是远眺维苏威火山和蓝色海岸的最佳位置。沿途蜿蜒曲折的盘山路，90度的急转弯，地中海式的白色建筑依山势而建，就在海边的悬崖上。到处是绽放的鲜花，姹紫嫣红，豪华的咖啡馆游人如织，眺望阳光下的蓝海白云让人陶醉。

回过来再说说那不勒斯吧。那不勒斯城市毗邻地中海海湾而建，是亚平宁半岛西南角坎佩尼亚地区的一座历史悠久的古城，距离罗马约240公里。城市本身不大，仅仅100万人。周边城镇群加起来形成的都会区约有400万人。那不勒斯最秀丽的地方是风光羽媚的桑塔露琪亚港湾（Santa Lucia），沿着美人鱼大道（Via Nazario Saura）漫步海滨，景色十分美丽，隔海可以眺望到维苏威火山，观赏新堡、蛋堡等景点，作为城市历史象征的皇宫和圣弗朗西斯科大教堂也在靠近海湾的地方。

远眺维苏威火山

新堡合影

新堡（Castel Nuovo）是那不勒斯的地标建筑，位于海滨的交通要道处，非常醒目。城堡上有4座圆筒形高塔，四周还有护城河，入口为纪念阿方索一世入城所建的凯旋门，是典型的法式城堡风格的建筑。城堡建于13世纪，为当时统治这里的安吉文家族官邸，现作为国家美术馆，内有小型博物馆，收藏有描绘那不勒斯历史的油画。

新堡

蛋堡

　　蛋堡又名奥沃城堡,是那不勒斯城里最古老的城堡要塞,有着2000多年的历史,整个城堡建于一座小桥与海滨大道相连的小岛上,曾经作为罗马行政长官的要塞,后被阿拉贡家族整修,17世纪被作为监狱,现是最佳的观光平台。

　　那不勒斯城市的中心就是在民意表决广场(Piazza del Plebiscito)或称"公民投票广场"。广场上的圣弗朗西斯科大教堂(又称保罗圣芳济各教堂 Basilica Reale Pontificia San Francesco di Paola)是城市宗教核心,对面的老皇宫现为国家图书馆(Biblioteca Nazionale Vittorio Emanuele III),我们到访时正在维修,很遗憾。

　　古罗马和古希腊一样有着早期贵族民主的传统,所谓元老院、议会院,目的是制约君王的权力,几千年前就有记载。加上"天赋人权"的观念深入人心,除了"上帝"人人平等,因此西方国家民主制建立就比较容易。

　　1861年萨丁尼亚-皮埃蒙特国王维克托·艾曼努尔建立了意大利王国。维克托·艾曼努尔并没有以首任意大利国王的身份改称一世，而是按萨伏伊王朝的家系排列继续称维克托·艾曼努尔二世。他率军1866年占领威尼斯，1870年占领罗马，并把罗马定为国都，最终统一意大利。因此，走在意大利各地见到的最多的塑像就是他的骑马像。

　　这座城市历史悠久，古建筑比比皆是，就是维护得不够好。离开市中心的部分街道狭窄，路边墙上的涂鸦简直是一片混乱，垃圾遍地，流浪者随处可见，怎么也无法跟旅游胜地联系起来。因此一位"驴友"不无调侃地说：那不勒斯最缺的是什么？是"中国城管"！

　　说说那不勒斯的美食，那就是匹萨饼了。旅行社安排了一顿，我也没有吃出跟国内卖的有多大区别。在那不勒斯下榻的CULTURE VILLA CAPODIMONTE宾馆倒是挺有特色，位于一座山丘上，大巴进不去，必须小巴短驳一次。宾馆的周边环境非常精致优美，绿树花卉丛中，可以眺望城市的一角，令人赏心悦目。

民意表决广场

Tips:

酒店：CULTURE VILLA CAPODIMONTE

地址：Salita Moiariello, 66 Naples 80131

电话：+39 081 4590C00

索伦托

罗马

"条条大路通罗马"（All Roads Lead to Rome）出自罗马典故，寓意是：不同的方法或多种途径可以达到同一个目的。当然，古罗马时期是罗马辉煌的象征，作为公元前后700年间横跨"欧亚非"罗马帝国之"皇城"，政治、经济、宗教、文化的中心，基督徒万众朝拜的圣地，理所当然地成为了各地方交通要道的终点。

我对罗马的最初印象来自20世纪80年代由格里高利·派克和奥黛丽·赫本主演的那部著名的浪漫爱情片《罗马假日》，影片剧情加上大明星的表演技艺给人留下了深刻印象。虽然是黑白片却也将城市风光收入眼帘。这部拍摄于20世纪50年代的电影，也许是最早的罗马风光片吧，遗憾的是早期我国是不可以公映的。在极端封闭思想的控制下，爱情片肯定是"资产阶级"的东西，改革开放后国人才得以欣赏到这部电影。所以我还真没敢想到有生之年可以到罗马观光。那么说，我最早听说意大利应该是幼年时听到的"陶里亚蒂同志与我们的分歧"的广播，那是

罗马街景

20世纪60年代初期，中苏论战正酣，从"一评"到"九评"，身为党员干部的父母每天打开收音机听着，我这个三年级的小学生也似懂非懂地听着，并且时不时向父母提问这个那个的。知道了世界上有一个国家叫作意大利，陶里亚蒂是意大利共产党总书记。至于争论的内容，即使半个世纪后的今天，我从网上搜索来看了看，也没有能够搞明白孰是孰非。世界发生了巨变，僵化教条的思想早已被扔进了历史的垃圾堆。

意大利是高度发达的资本主义国家，欧洲四大经济体之一，欧洲文化的摇篮和"文艺复兴"发源地，曾孕育出伊特拉斯坎文明及古罗马文化。意大利被列入世界文化遗产名录的文物古迹数量排名世界第一，世界旅游人数名列前茅。而首都罗马几个世纪以来都是西方世界的政治中心，现在依然是观光旅游的胜地。全市约300万人口，却有400万件雕塑，城市坐落在七座山包上，却有着700多座教堂或修道院，7所天主教大学和7000余眼喷泉。位于市区西北角的梵蒂冈国是天主教廷的驻地，也是教徒和游客的必到之处。

罗马的古迹名胜实在太多，非得住上两天才有可能光顾全，无奈我们是团队游，时间安排紧，只能择其重点了。

西班牙广场和许愿池原先并不出名，在成为影片《罗马假日》的场景之后，名声大振。据说影片播出后，世界各国的情侣都来这里许愿或牵手，搞得两个景点拥挤不堪，连我们这批老夫老妻也跑来凑热闹了。

西班牙广场圣母纪念碑

西班牙广场"破船喷泉"

西班牙广场和西班牙阶梯

西班牙广场（Piazza di Spagna）位于罗马圣三一教堂（Trinita dei Monta）所在高地的下端，广场中间一座喷泉是著名的巴洛克式建筑巨匠贝尼尼所设计的"破船喷泉"。欲登上教堂，必经过作为广场一部分的台阶，被叫作"西班牙阶梯"。电影《罗马假日》中有一个男女主角坐在这里的台阶上小憩，享受美味冰淇淋的场景，自那以后西班牙台阶成了世界各地年轻游客的必到景点之一，少男少女们也会买一支冰激凌坐下来品尝。因此周边的冰激凌商店特别红火。可惜的是我们到来时西班牙台阶正在维修，只能远观摄影了。

罗马市喷泉众多，千姿百态。最著名的是特雷维喷泉（Fontana di Trevi），又称

许愿池

"许愿池"，位于三条街的交叉口，"Trevi"即有三岔口之意。其公元1762年建成，喷泉中央是海神像，底座下两匹飞马雕塑代表平静的海洋与汹涌的海洋，顶部四座女神像代表春夏秋冬。据说这个许愿池是世

界上最宏伟精美的巴洛克式喷泉，人物造型栩栩如生。按照罗马人的说法，在这里背向池子，右手持硬币越过心脏所处一侧的左肩向后抛出，连抛三枚，一枚落入池中许愿可以再次回到罗马，重复第二枚落入将会有艳遇，第三枚才是找到真爱梦想成真。这种忽悠年轻人的把戏我们没有兴趣，倒是有计划再来罗马作一次深度游。

罗马君士坦丁凯旋门（Arco di Costantiro）是纪念公元312年罗马君士坦丁大帝历经征战统一罗马帝国的历史。凯旋门上方的浮雕描写的是历代皇帝如安东尼、哈德连等的生平业绩，下方则主要描绘君士坦丁大帝

罗马凯旋门合影

的战斗场景。据说巴黎的凯旋门就是拿破仑从罗马模仿而来建成的，不过时间上晚了上千年，规模和精美程度远超过古罗马的这座凯旋门。

罗马凯旋门

　　"世界八大名胜"之一的古罗马露天竞技场，也称"斗兽场"（Colosseum），建于公元1世纪，比我们前些天在庞贝遗址见的那座斗兽场晚建了约半个世纪。这座椭圆形的建筑物占地约2万平方米，周长527米，可以容纳6万观众，是古罗马贵族观赏奴隶与饿狮猛兽，或者奴隶与奴隶性命相搏的地方，类似场面曾经在描写古罗马的影片中看过，残忍无比。现在角斗场、圆形剧场却成了古罗马帝国的象征。我到欧亚诸多地方旅游都能够看到古罗马占领者的痕迹，椭圆形斗兽场就是最显著的代表。

　　罗马被喻为全球最大的露天历史博物馆。没有深入到罗马古城遗址去参观，而是车行外观罗马古城，这曾经的古罗马帝国的经济和政治中心，已有2000多年的历史，内部建筑大多成为废墟。

　　罗马古城遗址景点中包含神庙、凯旋门、元老会等建筑，构造精巧、气势磅礴，让人联想起昔日罗马的辉煌。外观这个世界文化遗产，还是要感叹2000多年前人类的建筑奇迹。当我们车行路过马希尼跑马场时，还看到了正在表演古罗马角斗士的场面。

罗马竞技场

早有所闻：到了罗马不到梵蒂冈，等于没有来过罗马。梵蒂冈自然是罗马旅游的重中之重。这个世界上最小的国家，实际上就是政教合一的罗马天主教廷，却是世界六分之一人口的信仰中心。梵蒂冈的公民大部分是神职人员，包括了主教、神父、修女，以及著名的瑞士卫队。在所有572名持有梵蒂冈护照的公民中，只有223人真正地生活在梵蒂冈。经过历史变迁，于20世纪初罗马教廷与意大利独裁者墨索里尼达成协议，教皇的领地局限于0.44平方公里，成为国中国。

梵蒂冈圣彼得教堂广场

圣彼得大教堂号称是世界上最大的教堂，我们排了一个半小时队才得以进入参观。我不懂什么耶稣教、天主教，也不会成为"有神论"者，只是慕名而来，想感受其宏伟壮观建筑艺术的震撼。

教堂前面能容纳30万人的圣彼得广场是天主教廷举办大型宗教活动的地方。我们是下午到的，上午还在进行宗教活动，广场上的座椅还没收起来。这个广场长约340米，宽约240米，被两个半圆形的巨大的长廊环绕，每个长廊由284根高大的石柱支撑着长廊的檐顶，顶上有142个教会史上有名的圣天使的雕像，人物形态各异、栩栩如生。广场中间耸立着一座41米高的方尖碑，由一整块石头雕刻而成，两旁各有一座华丽的喷泉，涓涓的清泉象征着上帝赋予教徒的生命之水。所有来到圣彼得广场的人无不为这宏大的场面而感叹。

圣彼得大教堂广场上的人物雕像及广场两侧长廊屋檐上的人物雕像

　　圣彼得大教堂正面的屋檐上方也有讲究，屋檐上方的一组人物雕像，两侧各有一座钟，右边是格林威治时间，左边是罗马时间。人物雕像共有11尊，中间是耶稣基督，按说耶稣基督有12个门徒，加上他应该有13座像，经过介绍才有了答案，原来有两座重要的人物雕像被请到大教堂门前。正门右边矗立着高大的圣彼得雕像，他神情自若、面带微笑，右手握着两把耶稣赐予的通向天堂的金钥匙，左手拿着一卷耶稣的圣旨，雕像缕缕卷发、条条皱纹、撮撮胡须以及身上的层层长袍无一不被雕琢得细腻、逼真；教堂门前对称的左边还有一座高大精美的雕像，参观人流通常是从右边回廊通道进入教堂，从左边的通道离开，一开始我们以为这座雕像是圣彼得，其实不然，这是耶稣的另一重要使徒圣保罗。

　　圣彼得是耶稣12个门徒中的老大，耶稣归天后，圣彼得成为了基督教的领袖，来到罗马传教。早年罗马暴君尼禄迫害基督徒，并处死了圣彼得。300年后另

梵蒂冈圣彼得大教堂

一位罗马皇帝君士坦丁大帝偶遇奇异天象,看见天空出现了一个十字架符号,他认为是圣灵辅佐,次年他的军队在米尔维奥桥战役中取胜,重新统一罗马帝国,于是立即颁布米兰敕令,宣布罗马帝国境内有信仰基督教的自由。君士坦丁大帝统一罗马后为圣彼得重修墓穴,把遗骸安放在壁龛内,并在墓穴之上修建了一座教堂。君士坦丁的儿子孔斯继位后,为了进一步利用基督教的势力为罗马帝国服务,将基督教确定为国教。为了表示对天主的崇敬,孔斯大兴土木,把原来简易的圣彼得教堂推倒,在原地建起了数倍于原规模的大教堂。那些都是公元4世纪时的事了,现在的教堂是1506年教皇朱理二世决定重建的,在长达120年的重建过程中,米开朗基罗等意大利最优秀的建筑师先后主持过设计与施工,1626年11月18日宣告落成,改建后的教堂呈文艺复兴式和巴洛克式建筑风格,称为"新圣彼得大教堂"。

圣彼得大教堂正面共有5扇大门，但是右侧的圣门每25年的圣诞之夜才开启一次，一般游客很难遇上那样的机会。穿着多彩服装的瑞士卫队数百年来一直是保卫教廷最忠诚的武装力量，据说他们的服装和手握的长矛是米开朗基罗设计的，已经沿用了500年。

圣殇

这座能容纳6万人的教堂简直是一座艺术宝库。屋顶和四壁金碧辉煌，装饰着以《圣经》为题材的绘画和雕塑，不少是名家作品。其中最有名的艺术作品有三件：一是米开朗基罗24岁时的雕塑作品《圣殇》，圣母怀抱死去儿子的悲痛感和对上帝意旨的顺从感在作品中刻画得淋漓尽致；二是贝尼尼铸造的青铜华盖，它由4根螺旋形铜柱支撑，足有5层楼房那么高，华盖前面的半圆形栏杆上永远点燃着99盏长明灯，下方则是圣座祭坛，只有当朝教皇才可以在这座祭坛上举行弥撒；三是圣彼得镀金的青铜宝座，宝座上方是光芒四射的荣耀龛及象牙饰物的木椅，椅

青铜华盖

圣彼得大教堂顶棚　　　　　　　　　　　镀金宝座

背上有两个小天使，手持开启天国的钥匙和教皇三重冠。除了这三件举世杰作外，历代教皇的墓室和墓龛很值得瞩目。

　　看了梵蒂冈我在想，世界上各国家最高领导的产生也是五花八门、多种多样，如西方民主制国家公开竞选；封建制国家子承父业，即所谓世袭；我们国家则是党内提名，人大选举。梵蒂冈国的教皇选举也是非常有趣的，有人形容是"策划于密室，但是不世袭"。根据悠久的历史传统，由高级神职人员参加的"秘密会议"（conclave）选举教皇。该词来自拉丁语"cum clavi"（拿着钥匙），指选举进行期间所有的参选人都要被"关起来"。该会议制度始于1274年，超过100名来自世界各地的主教们在教皇过世两周内要到梵蒂冈开会投票，以少数服从多数选出新教皇。很有意思的是届时世界各地教徒会蜂拥至圣彼得广场等待选举结果。最后，当一名官员用一种特殊的化学燃料燃烧选票，从而使一股白色烟雾从教堂的烟囱冒出的时候，全世界就会知道梵蒂冈产生了一位新教皇。如果教廷官员使用其他的化学燃料制造黑色烟雾，则表明表决无效，还要继续酝酿选举，直到产生新教皇。当然世界上还有"策划于密室，也世袭"的国家，甚至有号称信仰马克思主义的共产主义国家。也是让人啼笑皆非。

　　罗马教堂林立，不胜枚举，有个叫科斯美丁圣母的小教堂原来也很安静，却因为"真理之口"的传说，又经过《罗马假日》一传播，名声大振，成了观光客纷至沓来的热门景点了。看过《罗马假日》这部电影的旅客，这个情节一定记忆犹新，派克饰演记者，赫本饰演公主，偶尔邂逅都极力掩饰自己的真实身份，记者先知道了公主的身份，想捉弄一下寻开心，有意将公主引导到"真理之口"面前（一块雕刻着海神头像的圆盘），记者告诉公主，如果说谎话手放进神像嘴里就拔不出来，公主自然不敢放，叫记者先试，派克将手伸进去后，突然大叫手被咬住了，吓得公主花容失色，抱着派克帮其挣脱，后来知道是开玩笑又破涕为笑，戏剧情节使得双双萌生爱意，也使得这个景点名声大噪，许多游客都会寻到这里，把手伸进去试试。我们没有时间赶到那里，成为此行的遗憾之一。

　　结束罗马的游览我们乘坐意大利高铁（Italo）前往艺术之都——佛罗伦萨。罗马火车站据说是二战前的建筑，是墨索里尼执政时期的政绩工程，至今意大利还有不少这样的市政工程，遗留给意大利人无尽的回忆。意大利导游介绍这个巨大的车站时无不自豪地对我们说："这是墨索里尼时期的建筑，是欧洲最大的火车站，至今依旧如此。"墨索里尼作为二战的法西斯头目已经钉在历史的耻辱柱上了，但是意大利普通百姓的民族自豪感似乎并没有褪去。出于"红色记忆"的情

罗马火车站

罗马火车站

结，提到墨索里尼就不能不提一下二战时期意大利共产党以及其代表人物陶里亚蒂。二战时期，意大利共产党是反对墨索里尼法西斯统治的主要力量。意共组织民族解放委员会派遣"意大利旅"开展反法西斯武装斗争，为解放意大利做出了很大贡献。当时的西方资本主义国家中意大利共产党人数是最多的，因此在意大利政治生活中扮演着重要的角色。自1948年4月的众议院选举起，意共一直是议院中仅次于天主教民主党的第二大党。由于陶里亚蒂坚持"各党独立自主"的决定在各自国家的政治路线，主张"议会道路"取得执政权来进行结构改革，从内部逐步改变资本主义制度等等。因此，与苏共、中共在理论、道路等观点上发生分歧，并且公开论战。陶里亚蒂因病于1964年8月21日逝世，终年71岁。

在罗马，我们更多看到的是古迹、宗教文化，而意大利是发达的现代工业化国家，在北部的米兰等城市聚集着许多生产世界知名品牌的工业企业，仅仅汽车工业就有像法拉利、菲亚特、兰博基尼、玛莎拉蒂等，因此在意大利北方产业工人力量比较强大，意大利共产党的基本队伍在这些城市比较活跃。然而情况也在发生着变化。据文献：20世纪80年代，原意大利共产党在经历了20世纪70年代辉煌的选举成果后走向衰落，选票连年下滑，从1979年的30.38%减少至1987年的26.61%。在这种局面下，党内以阿基莱·奥凯托为代表的一批于20世纪六七十年代入党的干部走上领导岗位，他们把支持率下降归咎于对传统共产主义意识形态的更新不够，并于1989年在意共十八大上取消了民主集中制，从此意共逐渐分裂为四个派别，即以曾经两任意大利总统的乔治·纳波利塔诺为首的改革派，奥凯托为首的中间派，元老英格拉奥和以科苏塔为首的两个反对派。围绕着要不要取消

罗马古城遗址

马克思主义的指导和放弃共产主义传统以及更改党的名称和象征，党内四大派别进行了长达两年的论战。最终在1991年1月31日召开的二十大上，分歧无法调和，奥凯托关于放弃共产主义意识形态及更改党名与象征的决议案以67.39％的得票率获得通过，意共改名为意大利"左翼"民主党，弃用镰刀铁锤标志，拥有70年历史的意共从此不复存在。决议案投票前夕，以科苏塔为代表的90名坚持共产主义信念的代表愤然离场，宣布"重建运动"。当年12月12日，重建运动与拥有7000名成员的无产阶级民主党合并，成立新的意大利共产党，前意大利总工会领导人塞尔焦·加拉维尼出任第一任全国书记，1991年底，重建的意大利共产党约拥有

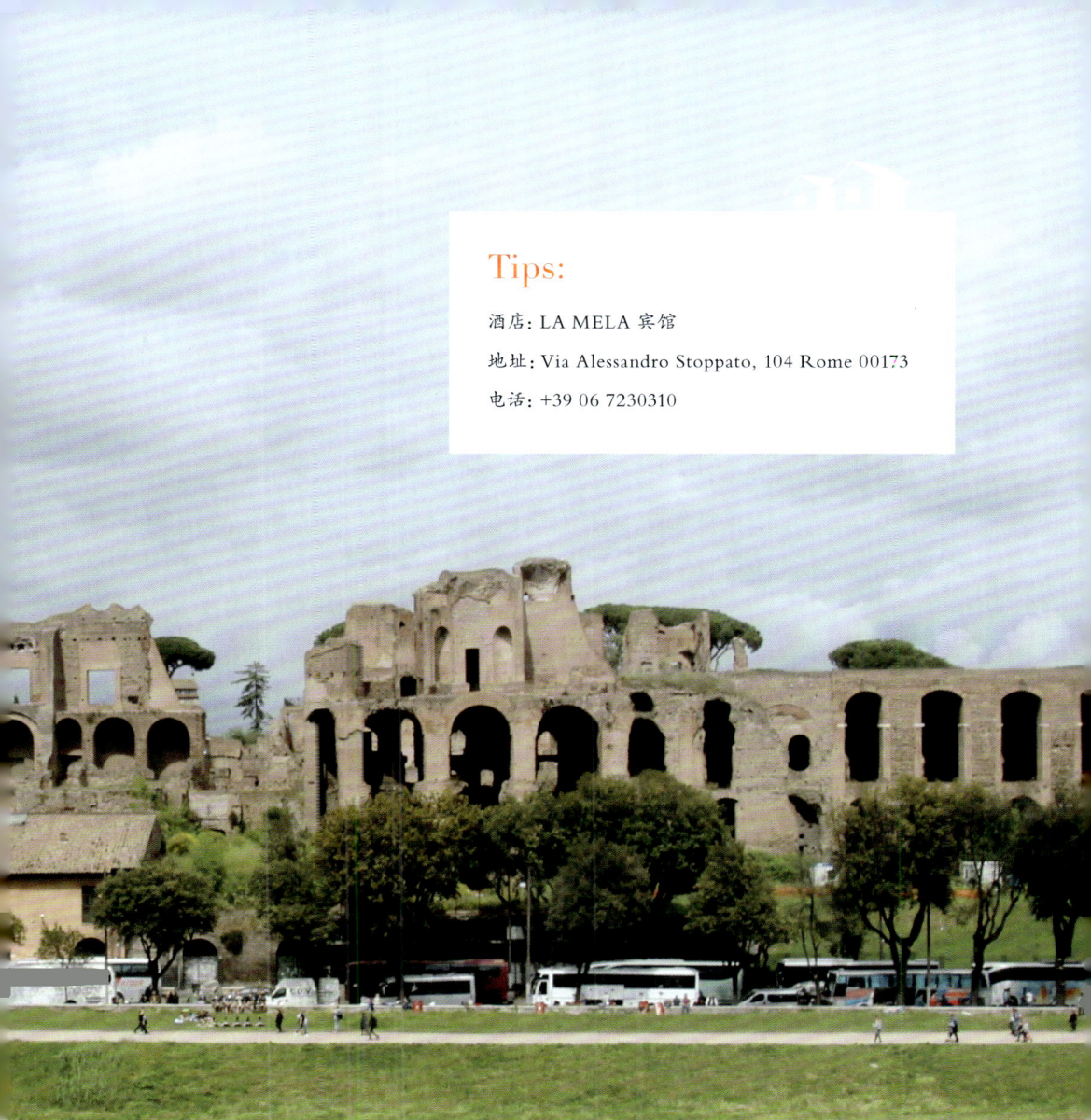

Tips:

酒店：LA MELA 宾馆

地址：Via Alessandro Stoppato, 104 Rome 00173

电话：+39 06 7230310

党员15万人。重建意共既是原意共的共产主义遗产主要继承者，也是一个革新了的共产主义政党。读到这些消息，我对于"国际共运"、"改革开放"也有了更多的认识。时代在发展，社会在进步。我们党自十一届三中全会放弃了"阶级斗争为纲"，确立"一个中心、两个基本点"的基本路线，十四大又确立"社会主义市场经济"原则，放开了所有制限制。从世界范围来说，资本主义国家的统治阶级也不再对共产党人赶尽杀绝，各国的共产主义者"武装夺取政权"的主张也逐步被"议会道路"所取代。"阶级调和"、"民族和解"成为主流。如此看来，当年我们与意共"陶里亚蒂同志的分歧"之论战的结论也就不争而解了。

佛罗伦萨

佛罗伦萨（Firenze）有一连串的美名：世界艺术之都、欧洲文化中心、文艺复兴发祥地、歌剧诞生地，等等。来佛罗伦萨看什么呢？毋庸置疑就是博物馆、艺术馆、美术展之类。搞艺术的、爱艺术的就算是来到天堂了！我们是结束罗马观光乘坐意大利高铁来到佛罗伦萨的，迎接我们的是蓝天白云、潺潺流水，只是横贯市区的阿诺河水混了点，否则上帝就有点太眷顾佛罗伦萨了。

我是不懂艺术的人，文艺复兴，达芬奇的《蒙娜丽莎》《最后的晚餐》，米开朗基罗的雕塑《大卫》，还有被称为"艺术三杰"之一、擅长圣母画作的拉菲尔也都有所耳闻。这几位大师最初的梦想都是从佛罗伦萨开始的并且获得了成功。只可惜，有些宝贝都被拿破仑掠去，收藏在巴黎卢浮宫，如那幅《蒙娜丽莎的微笑》，前年在卢浮宫参观时，展品前人头攒动根本无法近距离观看，我就是挤进去也看不懂门道在哪儿。

阿诺河

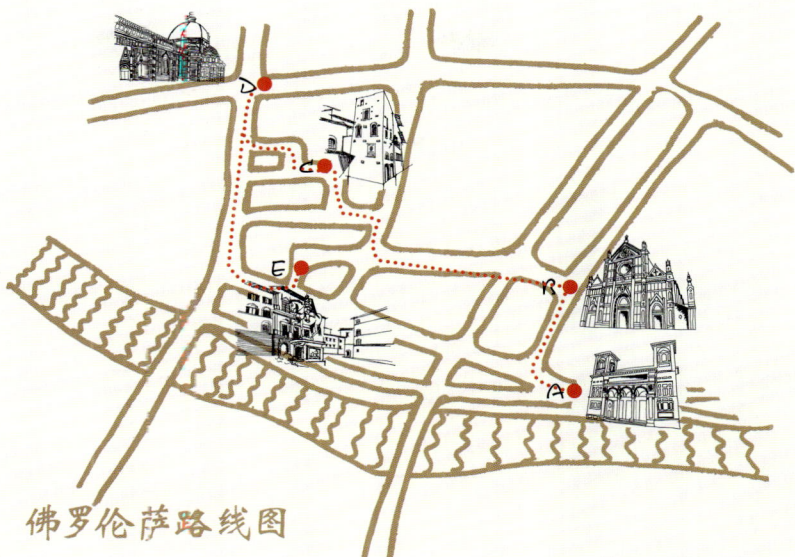

佛罗伦萨路线图

我的旅游路线：

A阿诺河畔的国家图书馆—B圣十字广场—C但丁故居—D圣母百花大教堂—E领主广场

佛罗伦萨城市不大，著名的景点也比较集中，因此用一天时间足够。我们是从阿诺河畔的国家图书馆开始游览的，首先来到圣十字广场。坐落在广场上的圣十字教堂（Basilica di Santa Croce di Firenze）是佛罗伦萨当地一座十分重要的教堂，也是圣方济各教派最大的教堂，之所以重要是因为许多享誉世界的名人的陵墓和纪念碑安放于此，例如：但丁、米开朗基罗、伽利略、马基维利、罗西尼等。教堂由阿莫尔福·迪坎比奥于1294年开始设计和建造，算算也有700年了。圣十字教堂以其尖顶上与众不同的十字架命名。圣十字大教堂右侧的巨型雕像是诗人但丁像（Monumento a Dante Alighieri），他是意大利文艺复兴时期的先驱，据说其不朽之作叫《神曲》，没有读过，可能读也读不懂。据文献介绍，恩格斯在《共产党宣言》中对但丁做过精辟的评价："封建的中世纪的终结和现代资本主义纪元的开端，是以一位大人物为标志的，这位人物就是意大利人但丁，他是中世纪的最后一位诗人，同时又是新时代最初的诗人。"《神曲》内容体现了人文主义思想，这种思想斗争的矛头是指向封建教会的，是新兴资产阶级反封建的思想武器。不过有句名言"走自己的路，让别人说去吧！"（Lead your own path, let others talk!）倒是不断地听到重复，原来出自但丁的《神曲》。

但丁故居

看了圣十字大教堂，穿街走巷来到但丁故居，这是一座不起眼的小房子，因诞生了文艺复兴的先驱而被政府开辟为博物馆，以此纪念这位伟大的诗人。就在但丁故居小巷子的不远处，佛罗伦萨乃至意大利最美丽的教堂——圣母百花大教堂（Cattedrale di Santa Maria del Fiore）已经到了。这座建于13世纪，用红、白、绿三色的玉石或马赛克石料装饰而成，被誉为世界上最漂亮的教堂，也是欧洲第三大、世界第四大教堂。圣母百花大教堂是佛罗伦萨大主教的座堂，是意大利文艺复兴时期建筑的瑰宝。

圣十字教堂

哥特式建筑的圣母百花大教堂、乔伊塔（Giotto's Bell Tower Campanile di Giotto）与八角形的圣乔瓦尼洗礼堂（The Baptistery of St. John Battistero di San Giovanni）三座大型建筑浑然一体，显得格外雄伟壮观。在整个建筑群中最引人注目的是大教堂中心的穹顶，号称世界上最大的穹顶之一，其中央的希腊式圆柱的尖顶塔亭，总计高达107米，使得教堂成为佛罗伦萨最高的建筑。据说要登上教堂的穹顶要走463级台阶，可以俯瞰佛罗伦萨的全景。

乔伊塔–圣母百花大教堂

圣乔瓦尼洗礼堂

八角型的圣乔瓦尼洗礼堂，镀金青铜大门上雕有著名的"天堂之门"（Porta del Paradiso）的故事，这是基贝尔蒂（Ghiberti）花费21年的杰作。他将"旧约全书"的故事情节分成10个画面，从左到右、从上到下依次分别镶嵌在金铜门的框格内。也有说门上的作品是复制品，纯金原件在大教堂的博物馆展出。纯金雕塑的"天堂之门"是游客驻足瞩目、拍照留念的地方。据说当地许多名人童年时都曾在这里接受洗礼。

无论是圣十字大教堂还是圣母百花大教堂，我们都没有安排入内参观，也许是由于大部分中国游客既不懂基督教，也不会艺术鉴赏，据导游说堂内的装饰、绘画、雕塑都是价值极高的珍品。

佛罗伦萨市的历史中心，同时也是市民政治、经济、文化活动的"心脏"，是我们驻足欣赏时间最长的地方——市政厅广场，又称"领主广场"（Signoria Square）。广场周围精美建筑、艺术精品、文物古迹汇聚，被认为是意大利最美的广场之一。广场始建于十三、十四世纪，文艺复兴时期达到现在的规模，许多文艺复兴时期的领军人物都在这里留下宝作。众多雕塑精品中最有名的当属米开朗基罗的不朽之作《大卫》，据说这里的大卫是复制品，真迹现藏于世界美术最高学府佛罗伦萨美术学院。即使是复制品，这座雕像也矗立于此好几百年了。除此之外，海神喷泉、科西莫一世骑马铜像、狮子雕像、帕尔修斯与美杜莎的神话等都是市政广场上值得欣赏的雕塑作品。毫不夸张地说这里就是露天的雕塑艺术博物馆。

圣母百花大教堂

广场最重要的建筑就是维奇奥宫（Palazzo Vecchio）。这座完整的宫殿曾是意大利文艺复兴时期佛罗伦萨统治者美第奇家族的住所。宫殿的大厅是艺术画展，两侧的墙壁上有米开朗基罗的名作《胜利》，二楼现在是政府的办公场所。维奇奥宫殿面向广场的大门前，米开朗基罗不朽之作《大卫》，据说自1873年以来一直守候在大门左侧。大力神（Hercules）雕塑则位于大门右侧，无论是大力神还是大卫被放在这里都是有象征意义的，他们是佛罗伦萨独立自由的守护神，是在警告那些企图侵略或挑战国家安全的人们。

大卫在《圣经旧约》中是以色列的一个英俊少年，他机智勇敢地用甩石机击杀敌人，挽救了整个以色列民族。米开朗基罗汲取民间对大卫神话般的描绘，他塑造的大卫体格雄伟健美，脸部和身体肌肉紧张而饱满，左手握着甩石机，右手微垂，血管充盈，体现着外在的和内在的全部理想化的男性美。他让大卫怒目直视着前方，表情中充满了全神贯注的紧张情绪和坚强的意志，身体中积蓄的伟大力量似乎随时可以爆发出来。大卫后来成了古代以色列的第二位国王。

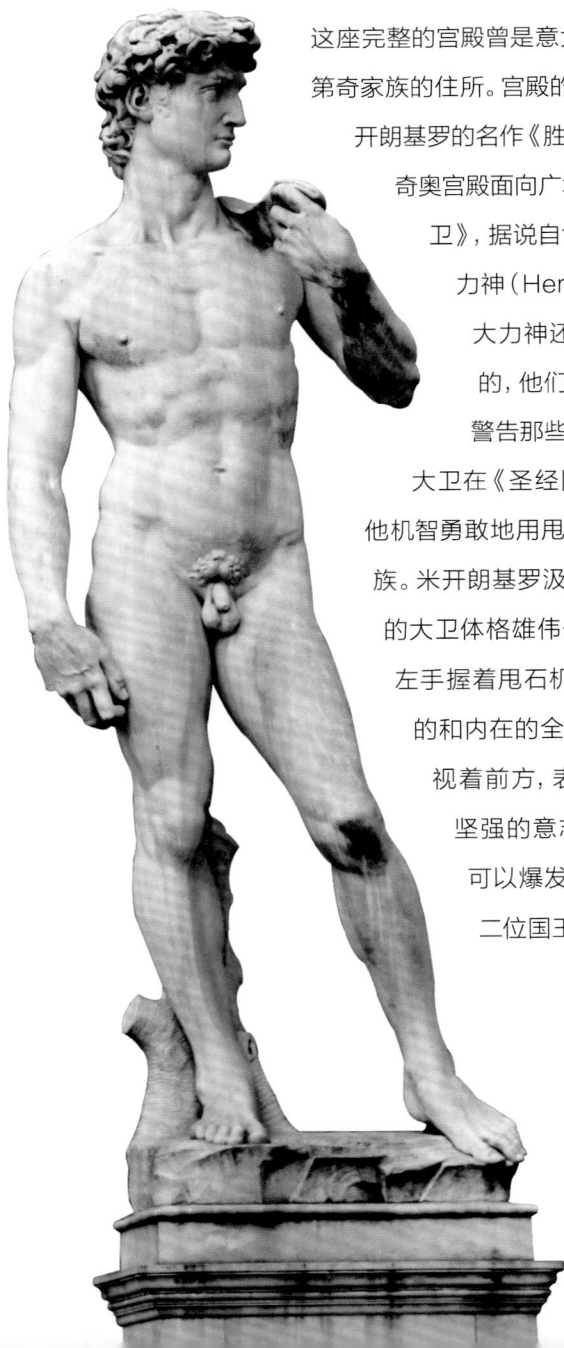

大卫

为了纪念对意大利文艺复兴起到关键作用的当地巨富兼统治者、美第奇家族首位领袖科西莫一世，由艺术家詹博洛尼亚（Giambologna）在1598年竖立的巨大的科西莫·美第奇青铜骑马雕像（the equestre monument of Cosimo I），依然矗立在领主广场。科西莫一世创建的乌菲兹美术馆至今依然是世界上最伟大的艺术画廊。由于这个家族成员有着酷爱艺术的传统，15—18世纪的300多年里，在其保护和资助下，聚集在佛罗伦萨的众多艺术天才们得以创造出文化艺术的奇迹。艺术家詹博洛尼亚另一个作品海神喷泉（Fontana of Neptune of Bartolomeo）紧挨着维奇奥宫右侧。

维奇奥宫与海神喷泉

市政厅广场

佣兵凉廊雕塑群

市政广场邻近维奇奥宫一侧有一个类似大舞台样的建筑，有人称"集会所"，建于1382年，据说最初是用于举行公共仪式、行政官宣读文告的楼台，不过比较准确的说法应该是叫"佣兵凉廊"（Loggia dei Lanzi），这个名称可追溯到科西莫一世统治时期，当时此处驻扎着令人畏惧的德国雇佣军。到了文艺复兴时期的16世纪，这里变成了一个举办雕塑作品展的户外博物馆，成了展示诸多文艺复兴时期的雕塑杰作的场所。摆放在最前面、最突出的有两部作品。一是《帕尔修斯青铜雕像》，帕尔修斯（Perseus，英仙座）是希腊神话中的英雄，杀死怪物美杜莎（Medusa）并从海怪手中救出安德罗墨达（Andromeda）。帕尔修斯的身体比例匀称、肌肉发达，一手举刀，一手拎着美杜莎被砍掉了的头，据说为完成这座雕像，雕塑家切利尼几乎花费了10年时间。

另一个是《强掳萨宾妇女像》，大力神和半人半马怪物内萨斯强掳萨宾妇女大理石雕像，这是用一整块被运送到佛罗伦萨最大的有瑕疵的大理石雕琢而成的。雕塑家詹博洛尼亚创作了一部"蜷蛇形"的经典作品，有意思的是将人物构图如同蛇一般纠结，顺着一条轴线盘旋作蛇形螺旋运动而上，观赏者从360度各

个方向都可以同样地欣赏。这是欧洲雕塑史上第一次表现超过一个人物的作品。这些大理石和青铜雕塑自1583年就被安放在这座敞廊。在其后面也是詹博洛尼亚的另一件不太有名的大理石雕塑《赫拉克勒斯与半人马涅索斯战斗》(完成于1599年),1841年被安放于此处。

在敞廊上还有两尊象征着佛罗伦萨标志物狮子的大理石雕像,右面的一尊源于古罗马时代,左面的一尊由Flaminio Vacca雕刻于1598年,最初它被安放在罗马的美第奇别墅,到1789年才迁到这里。

在凉廊的一侧有1750年的拉丁文铭文,纪念1749年佛罗伦萨更换为与罗马一致的历法。佛罗伦萨历法开始于3月25日而不是1月1日。另一篇1893年的铭文记载着佛罗伦萨人在米兰(1865年)、威尼斯(1866年)和罗马(1871年)之后并入意大利王国的历史。前年我到过慕尼黑,在老皇宫旁见过的建筑形式非常类似的统帅堂(Feldherrnhalle),据说也是模仿了佛罗伦萨的佣兵凉廊建造的。在古迹众多的市政广场上新增了一座金龟塑像,一尊人像跨在龟背上,似乎在驾驭着龟,不明白究竟表达了什么寓意。

参观了佛罗伦萨，我又有了些想法：所谓"文艺复兴"，按照我们现在的话就是"解放思想"、"百花齐放"、"百家争鸣"，当时可没有这么"高大上"的理论。欧洲文艺复兴的先贤们是为了挣脱中世纪宗教思想的束缚，表达个性解放，倡导自由和人文精神，实质是反映了生产力的发展，反映了新兴资产阶级对封建宗教控制的一种反叛。之后，旅行社安排到"The Mall"购物村购物，意大利也称得上是购物天堂，许多名牌产品比在国内便宜得多。"驴友"中的购物狂拼命"血拼"，我

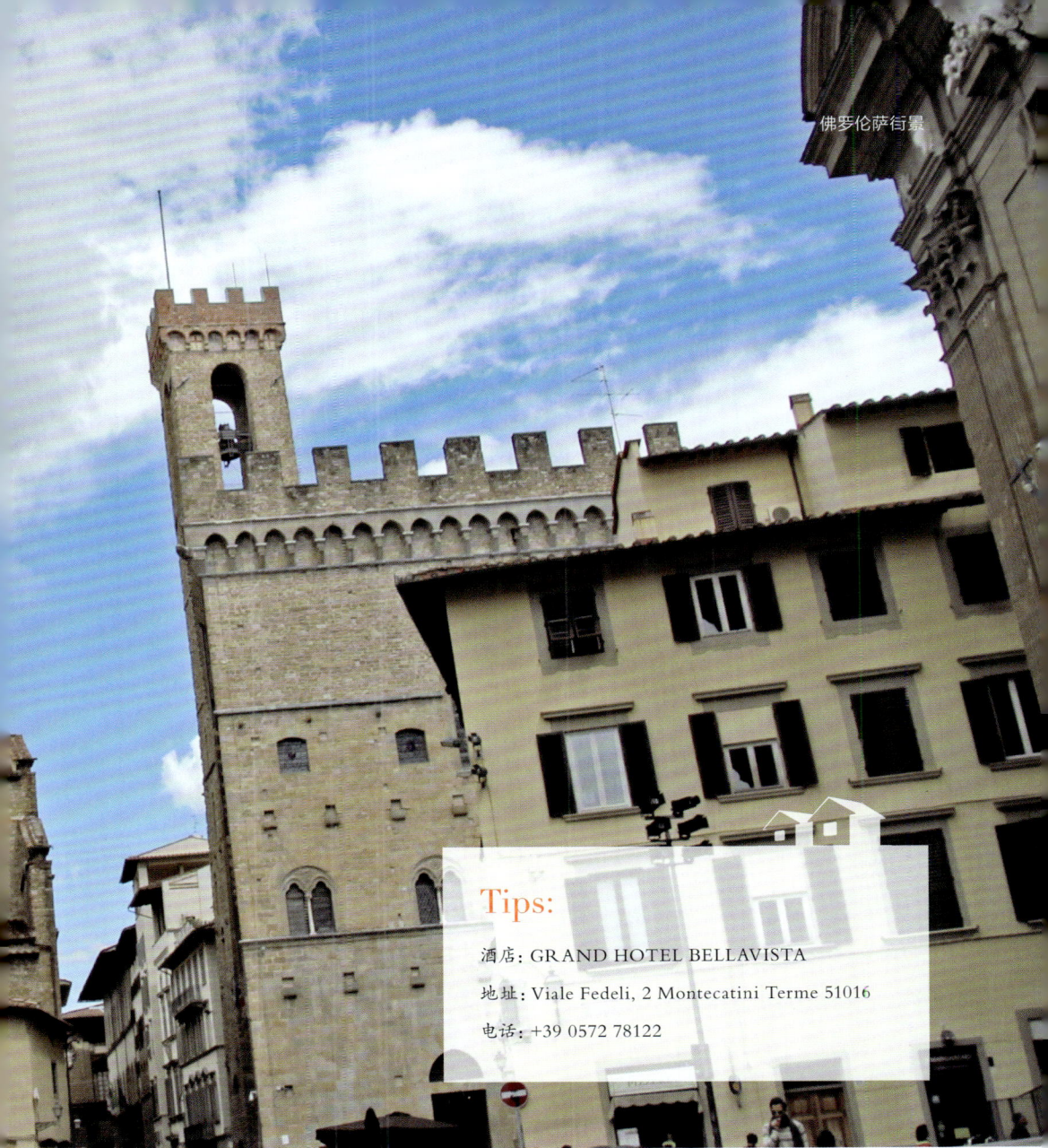

Tips:

酒店：GRAND HOTEL BELLAVISTA

地址：Viale Fedeli, 2 Montecatini Terme 51016

电话：+39 0572 78122

则没有兴趣，呆坐在咖啡屋胡思乱想，悟出上述"异端邪说"。

夜宿佛罗伦萨郊外的一家老式宾馆，挂星倒是个五星级。这里可是教皇约翰保罗二世曾经下榻过的老式酒店，大堂内的照片可以证明。宾馆的电梯标示绝对搞懵所有第一次入住的客人，它不是按楼层标示的，而是按房间排布的，为了找到房间，我们上下乱窜，不亦乱乎。

比萨与五渔村

意大利有一个比萨斜塔，中国有一个苏州虎丘"斜塔"。来自虎丘之乡的我们对斜塔情有独钟啊！当初选定这个线路就是冲着比萨斜塔来的，而相当多旅行社的行程不含比萨，据说从佛罗伦萨向西海岸走100公里来到比萨，就看10分钟的斜塔，有旅客觉得不值，而我们的想法恰恰相反。

比萨斜塔

比萨斜塔建于公元1174年，高55米，倾斜角度3.99度；虎丘塔建于北宋年代，大概是公元961年，塔高47.7米，倾斜度2.40度。尽管虎丘塔年代更久，但是在国际上知名度似乎远不及比萨斜塔，其原因也许与文艺复兴时期的物理学家伽利略曾经在塔上做过自由落体实验，发明"自由落体定律"有关。两座塔都倾斜得摇摇欲坠，都被各自国家的文物保护部门维修加固，都是著名的旅游景点。

比萨这座小城位于意大利中西部，人口10万左右，曾是海港，现在已离海岸线10公里了。比萨出名很大程度是因为比萨主教堂的"斜塔"。而在这个被称为"奇迹广场"的大院子里有一组宗教建筑：比萨主教座堂（Cattedrale di Pisa，建于1063年）、圣乔瓦尼洗礼堂（Battistero di San Giovanni，建于1153年）、钟楼（Torre di Pisa，即比萨斜塔，建于1174年）以及墓园。什么奇迹？就是这座倾斜了近千年不倒的斜塔成为意大利建筑史上的奇迹。

比萨斜塔工程于1174年开始，竣工于1350年，工程进行到第三层时，人们就发现，由于地基、建筑结构等原因，塔身出现了倾斜，于是工程中断，后来继续施工。可能正是由于它的斜，原本是一个建筑败笔，却因祸得福成为享誉世界的著名建筑。伽利略的自由落体实验更使其蜚声世界，成为世界著名旅游观光圣地，每天都吸引着成千上万的游客，因而它也是比萨市的经济支柱。传说1590年，出生在比萨的物理学家伽利略，曾在比萨斜塔上做自由落体实验，将两个重量不同的球体从相同的高度同时扔下，结果两个铅球几乎同时落地，由此证明了自由落体定律，推翻了此前亚里士多德的重物体先落地，落体的速度同它的质量成正比的观点。

比萨斜塔大门

但随着时间的推移，斜塔倾斜角度逐渐加大，到20世纪90年代，已濒于倒塌。1990年1月7日意大利政府决定关闭对游人的开放，1992年成立比萨斜塔拯救委员会，向全球征集解决方案。

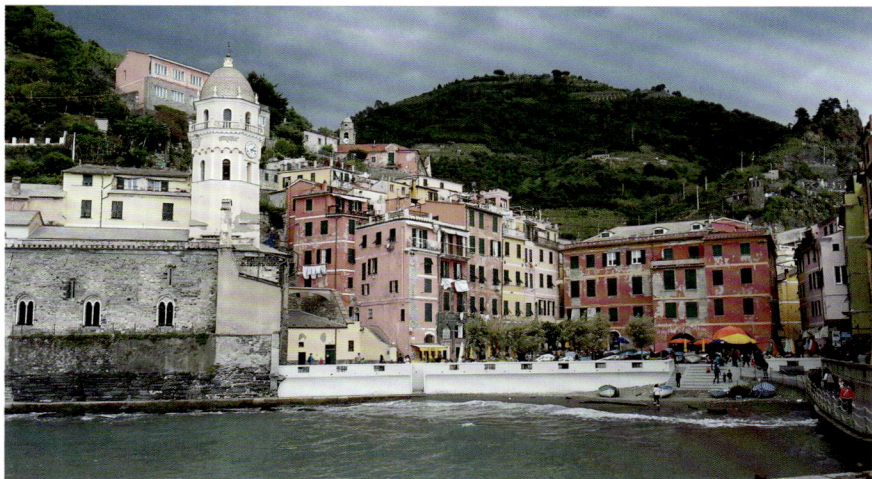

五渔村之一韦尔纳扎

离开比萨，我们行车95公里就到了近些年来旅游的热点"五渔村"（Cinque Terre）。与前天去过的阿玛菲海岸和苏莲托不一样，五渔村是位于意大利西北部地中海沿岸的蒙特罗索（Monterosso al Mare）、韦尔纳扎（Vernazza）、科尔尼里亚（Corniglia）、马纳罗拉（Manarola）、里奥马焦雷（Riomaggiore）5个建在悬崖边上的小渔村庄的统称，属于意大利的利古里亚地区，拉斯佩齐亚市（the city of La Spezia）的西部，为同一个风景区。五个渔村沿海岸线峡湾山谷的岩壁上建筑，色彩鲜艳的古宅民居，保留着原始风貌的自然韵味。渔村里面没有交通拥堵，渔船是过去唯一对外的交通工具。1997年，五渔村镇和意大利的韦内雷港等一同被联合国教科文组织列入世界文化遗产名录，1999年又被辟为意大利国家公园。

厌烦了城市喧嚣的人们，来到这样的世外桃源享受闲暇，是再好不过的选择。而且这五个小渔村之间，沿着蜿蜒的海岸线除了铁路没有汽车之类的交通工具，只有徒步小路串起来，山间小道全长约15—20公里，需5至7小时，一边是碧蓝的地中海，另一边是悬崖绝壁，被誉为世界上最美的徒步路线，是徒步爱好者心生向往的胜地。

五渔村还是比较幸运的，沿海岸悬崖峭壁上建成的国营铁路线，把五个渔村串联起来了。据说这条铁路线一直通往米兰，否则这些世代以捕鱼为生的渔民真的要与世隔绝了！来五渔村观光的游客不少，多为欧洲面孔的人们，我们在其中的马纳罗拉、韦尔纳扎两个村子下车，跟大多数游客一样，没有时间住下来细细品味，只是乘火车来到，看看精华，拍拍照片。

通常游客乘大巴来到拉斯佩齐亚市的中央火车站，然后乘坐观光火车进入五渔村。也有从北面的米兰乘坐火车先到达蒙特罗索村开始观光的。

马纳罗拉是从南向北的第二个村庄，这里历史悠久，镇上的教堂历史可以追溯到公元1338年。

韦尔纳扎是从南向北的第四个村庄。有文献记载作为一个要塞的历史可以追溯到1080年。我们登上了韦尔纳扎村被誉为"中世纪防御海盗的多里亚城堡垒"拍摄的一组照片。这个村是五渔村中的精华，完全保持了渔村的原貌，是渔村中的经典。村内也遍布名胜古迹，有风格独特的圣玛加利大教堂等。

要是自由行，最好在村庄里的民居旅馆住下，细细品味地中海的风光美食，享受阳光明媚下"世外桃源"的恬静生活。据介绍，五渔村的美食烹调非常有特色，自酿的白葡萄酒、盐焗鳀鱼，佐以佩斯托酱、橄榄油拌蔬菜、烘焙的土豆等。我们因为要赶往威尼斯，所以匆匆而过，夜宿途中的另一个中西部城市博洛尼亚。

五渔村之二马纳罗多

比萨斜塔

Tips:

酒店：NH BOLOGNA VILLANOVA

地址：Via Villanova, 29/8 Villanova di Castenaso 40050

电话：+39 051 604311

威尼斯

　　威尼斯是世界上独有的、唯一的、难以复制的水城。导游称这里是被誉为"上帝的眼泪"的地方，不甚了了。让我这个"水城苏州"的人来说，威尼斯的"小桥流水"依然如故，没有如同苏州那样受到时空变迁，人为改变，大概也是"上帝的旨意"吧。在不足8平方公里的118个小岛礁上，以400多座风格迥异的桥梁相连，没有马路，没有汽车，没有红绿灯，自然也不需要斑马线了。颇具特色的交通工具是称为"贡多拉"的小船，穿梭于河网、水道、海岸边。不过据说海平面年年在增高，有专家预测数百年后，威尼斯将不复存在，但愿专家的预言落空，否则上帝真的要流泪了。

威尼斯（Venice）是意大利东北部著名的旅游和工业城市。历史可以追溯到古罗马时期，威尼斯曾经是威震四海的海上强国"威尼斯共和国"的中心，也是13世纪至17世纪末一个非常重要的商业艺术重镇，堪称世界最浪漫的城市之一。游览威尼斯比较经典的路线是在威尼斯火车站码头（Venezia Terminal Passegeri/Porto）或者宪法桥附近，乘坐水上巴士（Apollo）走外围水路，在最美海岸线的"斯拉夫人堤岸"码头上岸，沿着堤岸向西，经过艾曼纽二世国王纪念碑、叹息桥、总督府，来到圣马可广场。我们就是这样的线路。也可以在车站码头选择乘坐费用略高的水上巴士沿着蜿蜒曲折的主运河，穿梭在水城河网中，观赏更多风光美景，最后来到圣马可广场。或者两者兼顾，先外围乘大船观最美海岸线，到达圣马可广场游览后，再乘小船沿主运河穿过市区回到车站码头。当然这两种路径都是团队游或者赶时间的游览方式。最佳的方式是在宾馆住下了，漫步在运河两边的街道，或跨桥，或穿小巷，悠闲地欣赏这个有着170多条小河、400多座桥梁的"水城"风光，细细地品尝地道威尼斯美食，翻阅几个世纪以来流传下来的轶文趣事，享受闲情逸趣的旅行生活。

首先映入眼帘的就是沿着海边的堤岸，叫作"斯拉夫人堤岸"（Riva degli Schiavon），是威尼斯最美的海岸景观。高耸的教堂钟楼，巴洛克式豪华的宫殿、典雅的民居小楼、蜿蜒的水巷、宏拱弯月的小桥、流动的清波，无不诉说着威尼斯"因水而生，因水而美，因水而兴"的悠久历史，展现着威尼斯人在建筑、绘画、雕塑、电影等文化艺术上的卓越成就。

踏上斯拉夫人堤岸，最先看到的是这座艾曼纽二世国王纪念碑（Monumento Nazionale a Vittorio Emanuele II），走在意大利各地都可以看到他的骑马雕像，因为他是统一意大利的首任国王。

威尼斯水域

叹息桥

　　叹息桥（Ponte dei Sospiri）在威尼斯百余桥梁中并不是最漂亮的一座。之所以名气大，有人说是由于电影《情定日落桥》按照一个传说安排的浪漫情节：相爱的人如果在圣马可钟楼日落的钟声响起时，乘贡多拉亲吻于叹息桥下，将获得永恒的爱和幸福。这个传说因成为电影场景而广为流传。其实叹息桥的位置和作用才是最重要的，首先它位于斯拉夫人堤岸的显著位置，游客必经之道，游客自然络绎不绝；其次，它是总督府与官府监狱之间的必经之道。这个建于1603年的巴洛克式风格建筑，像一座架在小河上的阁楼，桥的两端连着总督衙门与官府的地牢，其作用不言而喻。当死囚犯通过此桥时，可想而知，走向死亡或者长期监禁，其心情该是多么沮丧啊！一声长叹：哎！结束了，一切都结束了！金钱、美女、财富、权力！导游说"叹息桥"是中国人给起的名字，也许是中国人在调侃，谁知道意大利人是如何想的呢！说不定还是慷慨就义呢！比如当地流传的一个故事也许就能说明此桥并非"叹息"之处。相传很久以前，有一个被判死刑的犯人从总督府被带往地牢，在通过叹息桥的时候，狱卒让他最后看一眼外面的世界，犯人垂眼望去，只见一艘贡多拉在桥下游过，一对男女在船上拥吻，而这女子竟是犯人的妻子。犯人狂吼着撞向铁窗而亡，他爱人连一点声息也没能听见。后来竟然有人要把悲剧搞成喜剧，说要坐贡多拉从叹息桥下相拥热吻而过，如此祈求爱情天长地久。真是有点莫名其妙，男人还没死，妻子已经跟别人跑了，还天长地久？我们也是乘贡多拉从叹息桥下穿过，不过是和妻子同船渡。中国人的老话："百年修得同船渡……"

小艇贡多拉

威尼斯是水的城市，没有马路，甚至没有汽车和自行车，更别说交通指挥灯了，小艇贡多拉是水城河网主要的交通工具，除此以外，主运河有水上巴士。到此来的游客都会乘坐一下贡多拉，体验下穿梭于小桥流水人家，见识那些破旧的被海水腐蚀的房基台阶，感受一下几百年来的水城沧桑，好在威尼斯居民对于屋外墙面的粉刷还是比较注意的。

走过叹息桥就到了华丽的总督府（Palazzo Ducale，也称公爵宫）。如今所见的，是建于15世纪的哥特式建筑，廊柱、壁雕、精美的饰窗，无不显示着总督府的崇高地位。二楼是艺术精品展览，有一幅号称世界上最大的油画，可以购票进入参观，还能走过连接着天堂与地狱的叹息桥。

总督府

圣马可广场合影

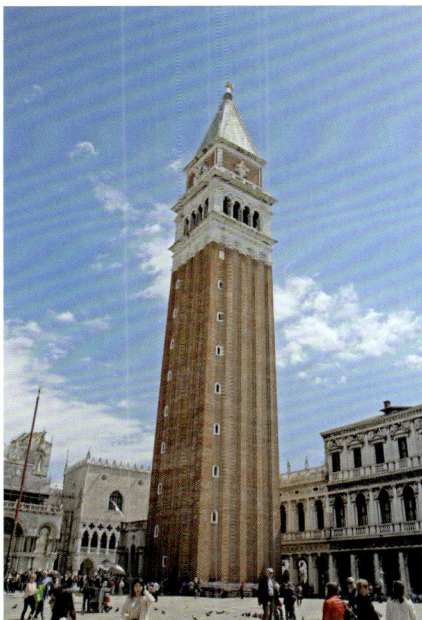
圣马可钟楼

圣马可广场被誉为"欧洲最美的广场",一直是威尼斯的政治、宗教、传统节日、公共活动的中心,威尼斯狂欢节和圣诞节嘉年华的固定场所。这是一个"L"形广场,临海的一面有两根石柱雕像尤其醒目,称为圣马可和圣托达罗柱(Colonne di San Marco e San Todaro),上面有飞狮雕像的是圣马可柱,另一个则叫圣托达罗柱。带翅膀的狮子被誉为威尼斯守护神,独具威尼斯风格。著名的威尼斯电影节被称为"金狮奖",就是出自于此。历史上威尼斯共和国曾经的领地都有这种狮子图形的标记,前年到过克罗地亚海滨城市扎达尔,就见到过一座千年前保留至今的"威尼斯门",一个带翅膀的狮子门楼,印象深刻。从地理位置上看,威尼斯隔亚得里亚海与克罗地亚、斯洛文尼亚相望,最近处也就百十海里,所以地导小姐警告大家准时集中,不要乘错了船,否则要多游览一个国家了。说到每年举办的世界三大电影节之一的威尼斯电影节,又要提到墨索里尼,这个电影节首次举办是在1932年,墨索里尼当政时期,也是世界上第一个电影节。墨索里尼酷爱艺术,举办电影节是要显示意大利的强盛。据说那时还设有"墨索里尼杯"的奖项,二战后取消了。

广场上最高的建筑就是圣马可钟楼(Campanile di San Marco)。这座由红砖砌就,高98.6米,建于15世纪末期的钟楼,既是威尼斯城市的坐标,也是广场建筑群空间构图的重心。如登顶远望,据说可以尽情观赏风光宜人的威尼斯城和潟湖全貌，甚至可以远眺美丽的阿尔卑斯山。可想而知，建造如此高的钟楼，不是单纯瞭望，更重要的是让上帝的声音传到四面八方。

圣马可大教堂

　　圣马可大教堂（Basilica di San Marco）无论是外观设计还是内部装饰，其华丽高贵程度都令人叹为观止。据说用在教堂内部的黄金就有数十吨，我们匆忙排队等候了几十分钟才进入，教堂内圆拱天棚是用金箔装饰的，但并不辉煌，主要是堂内光线不足。教堂真正名符其实的珍藏品陈列在楼上的博物馆里，金人、金马、金座椅，比比皆是的金银财宝，5欧元门票参观券也是很值。尽管教堂为不允许公开拍照，"驴友"达人还是抓拍了几张。顺路而过的博物馆阳台让我们有登高望远、一览圣马可广场的眼福。中国人熟知的意大利旅行家马可波罗就是威尼斯人，但是圣马可大教堂与马可波罗并无关系。据介绍，圣马可是耶稣的使徒之一，是《新约·马可福音》的作者，公元67年在埃及殉难。公元828年两位威尼斯的富商在当时威尼斯总督的授意下，成功地把圣马可的干尸从亚历山大港偷运出来，据说还是藏在一桶猪油里面，目的是要躲避埃及穆斯林的海关，运回威尼斯后就安放在现在的圣马可大教堂的大祭坛下，从此圣马可成了威尼斯的保护神。他的标志是一头带双翼的狮子，飞狮左前爪扶着一本圣书，上面用拉丁文写着天主教的圣谕："我的使者马可，你在那里安息吧！"从此圣马可广场一眼望去，大教堂、塔柱、时钟楼，甚至总督府上也少不了飞狮的形象。前面提到的圣马可广场的入口处，有两根高大的圆柱，东侧的圆柱上挺立着一只展翅欲飞的青铜狮，"圣马可柱"就由此而来，并且它还是威尼斯的城市徽标。

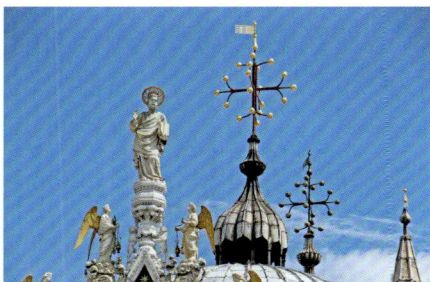

圣马可大教堂局部

时钟塔

　　广场上另一座醒目的建筑是"时钟塔",它位于圣马可大教堂的北侧,已有五百多年的历史,是威尼斯财富和荣耀的象征。时钟塔一层的拱门内是著名品牌商品购物区,二层是十二星座和罗马数字构成的一个精美的表盘的时钟,三层中间是圣母圣子塑像,左右两侧分别由罗马数字和阿拉伯数字显示小时和分钟,再上面屹立着威尼斯徽章——双翼狮子,塔顶是一口钟和两个敲钟的士兵报时。来到圣马可广场的游客都会不由自主地多看时钟塔几眼,但是我们没有看到整点报时的景象。

威尼斯内河

Tips:

酒店：UNA MALPENSA

地址：Via Turati Cerro Maggiore（MI）20023

电话：+39 0331 513111

CARABINIERI
317

米兰

到了米兰，就可以看见皑皑白雪的阿尔卑斯山了，那里是意大利北部与瑞士接壤的地方，被列为世界自然遗产的著名的圣乔治峰（Monte San Giorgio，海拔1096米）就在眼前。米兰是意大利通往欧洲各地铁路、公路的交通枢纽。如果是乘坐欧铁系统来意大利旅游的话，米兰一定是换乘站，这点我专门研究过，因为曾经动过自由行念头。从谷歌地图上看去，与其过去说"条条大路通罗马"，不如现在说"条条道路通米兰了"！米兰是历史与现代交融的城市，世界八大都会区之一，意大利最发达的工业城市。根据2010年数据显示，米兰大都会区的GDP占到意大利全国GDP的25%。

米兰又是艺术之都、时尚之都，世界半数以上的著名时装品牌、奢侈品牌都出自米兰。因为行程安排，我们在米兰没有过多逗留，只是在米兰大教堂附近驻足、观光、拍照。其貌不扬的斯卡拉歌剧院是意大利歌剧的标志，世界上最负

斯卡拉歌剧院

盛名的歌剧院之一。1778年在斯卡拉圣母堂旧址上建成的这座歌剧院，两三百年来，为世界艺术做出了巨大贡献。这里一年四季都有一流的剧目演出，被西方许多音乐家和歌舞演员视为"音乐艺术的麦加"。世界上曾经有400多部著名歌剧在此首演，包括《图兰朵》《蝴蝶夫人》等。

文艺复兴的杰出代表达·芬奇，15世纪末有很长一段时间在米兰居住。米兰大教堂的设计以及馆堂内的诸多珍品，还有城里很多桥梁和建筑上面的雕塑都是达·芬奇的杰作。因此米兰市中心矗立起达·芬奇的塑像，纪念其艺术天赋给米兰添色。据介绍不远处还有一座达·芬奇科技博物馆，收藏有关达·芬奇设计的遗物，展示达·芬奇一生中在科学技术方面的创造，包括实物、模型、设计图、草图等。达·芬奇不仅仅是艺术家，还是有作为的科学家，如为解决运河淤塞而设计的疏浚船，挖泥铲形状与近代实物大体相似，还有他的自行车画稿，驱动后轮的链条与现代结构也非常接近等等。据说几百年前他竟然为米兰大教堂设计了电梯，不知真假，那时有电吗？

连接斯卡拉歌剧院与米兰大教堂广场的维克多艾曼纽二世拱廊（Galleria Vittorio Emanuele II）是世界顶级品牌屋云集的地方。古典又华丽的购物区，高级的酒吧、特色美味餐厅汇聚于此。回廊呈十字交叉，有象征美洲、亚洲、非洲、欧洲四大陆的风情镶嵌画。

如同大多数意大利城市，统一国家的老国王维克多艾曼纽二世骑马塑像矗立在米兰大教堂广场的中央。

达·芬奇像

米兰大教堂顶上

米兰大教堂顶上

米兰旅游的重头戏就是看米兰主教大教堂（Duomo di Milano）。据说这是世界上最大的哥特式教堂，然而其意大利名字却叫作"圆顶教堂"。始建于1386年、完成于1813年的米兰主教大教堂，被马克吐温誉为"一首用大理石写成的诗歌"。教堂的特点在它的外形——尖拱、壁柱、花窗。教堂外部共有135个尖塔，像浓密的塔林刺向天空，在每个塔尖上都有一座基督使徒的雕像，加上教堂内部的雕像装饰，共有6000多座雕像，是世界上雕像最多的哥特式教堂。登上屋顶可以欣赏到2245尊大理石雕像，设计雄伟壮观，雕琢繁华神奇，构思独特华丽，这些都是米兰时尚精神的化身。

米兰主教大教堂

我们本来想入内参观，却买错了票（入内2欧，登顶8欧），也就将错就错吧，一直爬到了教堂顶上。饱了眼福，累得半死。

结束了米兰大教堂的观赏，我们就要一路向西南（还有300公里的车程啊），前往夹在意大利与法国之间的摩纳哥公国了。回味6天的意大利轻松愉快的旅程，感慨文明古国的灿烂文化、历史遗迹，真是不虚此行。意大利是发达经济体，人口6000万，国土面积相当于3个江苏省，GDP排名世界第8。意大利人注重工艺设计，世界顶级豪车、赛车大部分产自意大利。但是意大利老百姓生活费用倒也不高，"驴友"们路过一个超市，其出售的日用品便宜得让人咋舌，一瓶1500毫升的苏打水卖0.19欧元，约合人民币1.4元，四包意大利挂面加一袋通心粉卖2.37欧元，约合人民币16元，一瓶白葡萄酒卖2欧元，"驴友"们调侃老夫之类"尿不尽"的人，少去一趟景点的收费厕所可以省出半瓶喝酒钱。

米兰大教堂顶上

今天（2016年4月28日）是春游意大利的最后一天。偶尔发现，历史上的今天与一个近代史上的人物——墨索里尼有关，又不能不提啦。1945年4月28日是意大利法西斯独裁者墨索里尼被处死的日子。这个发动第二次世界大战的元凶之一，法西斯主义的创始人，给意大利和欧洲乃至世界带来了深重的灾难。最初法西斯宣扬"个人服从集体，集体服从领袖"的意识，后来被墨索里尼、希特勒鼓捣成了法西斯主义，演变成了国家民族主义的政治运动，宣扬强权、暴力、恐怖统治、对外侵略、掠夺等极端独裁形式。最后让德国和意大利人民吞下苦果，墨和希也罪有应得，都死得很惨。墨索里尼及其情妇的尸体还被人倒吊在米兰洛雷托广场加油站的横杆上，羞辱示众。话说回来，意大利人至今对墨索里尼20多年的政绩念念不忘。墨当政时期是集中国家财力、物力大规模建设时期。前两天，一到罗马就听地导小姐介绍罗马中央火车站（也是我们即将乘高铁赴佛罗伦萨的车站），是墨索里尼时期的建筑，当时是欧洲最大的车站，现在仍然是欧洲第二大车站，其语气不无赞美、自豪之感。墨和希也酷爱艺术，创办了世界上第一个电影节——威尼斯电影节。至今电影节每年秋天举办，仍然是世界三大电影节之一。墨对文物保护也屡有建树。人是有两面性的，善恶也就一念之间吧！当年墨和希受到本国人民的拥护，却侵略奴役他国人民，法西斯的国家资本主义对本国建设有利，却掠夺别国资源，最终还是要走向灭亡。鉴殷不远，当今世界依然需要警告那些有极端思想的统治者、唯意志论者等，不要走墨希老路！自由、民主、人权、法制才是人间正道。

Tips:

酒店：UNA MALPENSA

地址：Via Turati Cerro Maggiore（MI）20023

电话：+39 0331 513111

南法

结束意大利的行程，我们从米兰出发一路向西南，长驱直入来到法国南部地区——普罗旺斯。从大范围讲，普罗旺斯全称普罗旺斯·阿尔卑斯·蓝色海岸，包括摩纳哥公国和尼斯、戛纳、马赛等所谓法国最美丽的蔚蓝色海岸地区。

一则
说说

摩纳哥

　　摩纳哥公国（The Principality of Monaco）是靠近意大利边境，夹在法国南部边陲的世界第二小国家（最小的是梵蒂冈），国土面积为1.98平方千米，有所谓"峭壁上的王国"之称，除了朝向地中海南部海岸线之外，北、西、东三面皆被法国的山峦包围着。全国常住人口约8万人，其中拥有摩纳哥国籍的人只有8600人左右。

　　摩纳哥地域不大却也被划分为四个小镇区，除了王宫所在山岗以外，还有蒙特卡洛、拉科尔、方特维耶。

　　"小国无外交"，这句话用在摩纳哥再合适不过了。几个世纪以来法国一直是摩纳哥的宗主国，摩纳哥没有军队，只有百名警察，国防、外交等大事均要仰仗法国，看其脸色，甚至百年来，法律上规定，大公国君王必须是男性继承人，也就是说必须生王子，否则就自行并入法国。好在摩纳哥王妃们的肚子都还比较争气，包括现任大公的母亲，那位第27届奥斯卡影后——格蕾丝·凯利。据说2002年后又有新约，法国保证摩纳哥的独立、完整，无论是否有王子继承。

　　在这个还没有北京颐和园面积（2.9平方公里）大的小国，旅游业是最主要的经济来源。有着中世纪风格的古朴王宫和皇家花园、著名的蒙特卡洛大赌场及其周边的豪华酒店，还有蒙特卡洛网球大师赛、蒙特卡洛杂技节、F1方程式汽车大赛的举办等等，常常让这个袖珍小国成为举世瞩目的地方。

蔚蓝色海岸摩纳哥港口

摩纳哥王宫

　　摩纳哥游览主要的景点集中在王宫周边和蒙特卡罗。王宫（Le Palais des Princes de Monaco）坐落在一块凸出海湾的山冈峭壁上，初建于13世纪，沿用至今。进出王宫的老街道比较狭窄，平时也不允许车辆通行。王宫前的广场是举行国事活动的地方。国王外出时王宫对外开放，格蕾丝·凯利王妃的御用花园也定时对游人开放。王宫前广场的两端设有观景平台，是观赏摩纳哥全景的最佳位置。

　　王宫广场东北侧有一尊"弗朗索瓦·格里马尔迪纪念塑像"。可别小看这个形象憨促的老头，他可是摩纳哥统治家族的祖先。中世纪时这里也像地中海的那些古堡小渔村一样，周边都是崇山峻岭，只有地中海的水路，所以相对比较封闭。据传1297年，热那亚人弗朗索瓦·格里马尔迪带着其族人在逃亡途中来到"天涯海角"的摩纳哥古堡，那个时候可能还不叫摩纳哥吧。他伪装成方济会的修士，用诡计敲开了古城堡的大门，随从人马趁机攻占了城堡。从此格里马尔迪的后裔们开始了对这块土地长达700年的统治。直到现在，摩纳哥国徽上还印着格里马尔迪家族的传统标志，白色饰带上写着格里马尔迪家族箴言："天助我治。"

摩纳哥王室的传奇并不仅限于此，上面提到的1899—1922年在位大公爵阿尔贝一世是一位出色的航海家，他将赌场的大笔收入用于海洋科学研究，先后组织过28次航海考察，并于1910年建起了举世闻名的海洋科学博物馆（Institut Oceanographique Musee）。

在动荡的历史长河中，摩纳哥曾多次被周边的大国觊觎、争夺。由于资源匮乏、经济落后，除了地理位置特殊，交通不便，易守难攻，更主要的是摩纳哥大公们比较聪明，周旋于大国之间，才得以生存。1338年摩纳哥是"热那亚王国"的一个小公国，1525年受西班牙保护，1641年赶走西班牙人，此后法国一直是其保护国。到了1856年，查理三世大公为了解决经济危机，想到了博彩业。他把德国法兰克福附近巴特洪堡经营欧洲最早赌场的老鼻祖弗朗索瓦·布朗（Fran·ois Blanc）请来，在位于王宫对面的一块高地上开设赌场。布朗颇具商业头脑，还筹钱投资了公路、铁路，使得欧洲其他地方的人们来到摩纳哥更加方便。随着赌场经营顺利，加上摩纳哥公国基本不交税，吸引欧洲富人前来旅游、投资，从而建立起一座豪华而奢侈的都市——蒙特卡洛（Monte Carlo）。这名词来源于意大利语，是为了纪念查理三世，感谢他的英明决策给摩纳哥带来了生机。用我们现在的话叫作"因地制宜"、"开拓进取"、"抓住老鼠就是好猫"。

摩纳哥王宫

　　蒙特卡洛大赌场和大剧院是一座大型综合娱乐设施。加上周围的酒店、餐馆、商场、银行等等配套建筑，构成了蒙特卡洛无可替代的休闲旅游、观光度假的地位。蒙特卡洛大赌场是声名远扬的欧洲最古老的赌场之一，一直保持着百年前的模样。与晚了几十年的拉斯维加斯和澳门博彩业那种"平民化赌风"，即游客可以随便出入玩上两把的方式不同，蒙特卡洛赌场颇有高高在上的贵族风范，进门需要护照还要购买10欧元门票。

　　"驴友"中的高手来到这里已经按捺不住，"手痒痒"了，一定要试试运气。然而花了10欧元门票，进去后傻眼了，除了"老虎机"有几个人，"纸牌屋"几乎无人玩牌，发牌庄家闲坐在那儿聊天，一副不屑一顾的样子，叽里咕噜说了半天就是不发牌，碰巧来了个华人才弄明白，这里不说英语，玩牌必须说法语，而且这里的玩法特别，起点筹码也很高。兜了一圈算是领教"世界赌博"鼻祖的老窝了！跟所有赌场一样，内部不允许拍照，而本事高强的人硬是偷拍几张，让其他未入内的"驴友"们一睹"赌都皇宫"的雍容。

蒙特卡洛大赌场和大剧院

到过这里才知道：蒙特卡洛大赌场其实规模赶不上拉斯维加斯或澳门的赌场，只是因为资格老、名气大。经游客指点我们才知道，如果真要玩牌，可以去位于大赌场右侧的"平民赌场"，在那里可以找到"志趣相投"的玩家小赌一把。"驴友"高手运气就是好，"一番鏖战"不仅没有输钱，还赢几百欧，见好就收。

蒙特卡洛大赌场内

赌场由巴黎歌剧院的建筑师查理伽尼尔设计，于1910年建成的这座雍容华贵的剧院赌场，至今仍然是摩纳哥建筑和文化遗产方面名副其实的经典。大剧院赌场内部壁画、油画均出自名家，被精美地装饰在墙面上。建筑外部则是巴洛克式雕塑和镀金铜像。

除了博彩业加旅游业让摩纳哥名声在外，另一个让摩纳哥受到世人瞩目的就是那位主演过《乡下姑娘》而获得第27届奥斯卡影后的好莱坞明星格蕾丝·凯利，她与雷尼埃三世童话般的姻缘，在世界范围内广为专颂，也为摩纳哥增添了浪漫的气息。2014年国内上映《摩纳哥王妃》影片，讲述了奥斯卡影后格蕾丝·凯利嫁给摩纳哥大公雷尼埃三世之后，在摩纳哥与法国发生政治危机时，身为摩纳哥王妃的她在重回好莱坞和拯救国家之间徘徊的故事。看过后有些印象。只是红颜薄命，1982年，格蕾丝在一次车祸意外中香消玉殒。留下雷尼埃三世和三个子女。不久雷尼埃大公也一病不起，郁郁而终。现在是他们的儿子阿尔贝二世继位执政。

　　摩纳哥的生活成本极高，房子每平米卖到约32万人民币，无需缴纳所得税的法律吸引了多国的富人避税移民于此。富人多了哪有物价不高的？摩纳哥自然资源贫乏，没有开放博彩业之前是个穷国，开赌之后没几年就跃入富国行列，然而其法律规定本国人是不准入赌场的，要赚就赚外国人的钱。我们国家在内地也是禁赌的，只允许体育彩票之类的博彩活动存在。西方许多所谓自由民主国家也是有条件限制赌博的。摩纳哥的地理位置非常好，远离工业，远离大城市，也就远离政治纷争的中心。就像拉斯维加斯处在美国最贫瘠的内华达州的戈壁沙漠里，澳门则

蒙特卡罗海港

偏于一隅，缘自葡萄牙殖民地时期。

　　摩纳哥依山傍海，有着4公里多长的狭窄海岸，蔚蓝色的海洋景色宜人。中心城区的蒙特卡洛就是一座山城，街道盘山而建，跌宕起伏，因此这里又是世界一级方程式赛车的比赛地，崎岖蜿蜒的赛道是寻求刺激的赛车手一展技艺的绝佳选择。除了赛车，这里还是高级游艇的俱乐部，每年接待大量世界各国游客光顾。

　　蒙特卡洛是世界上物价最高的城市之一，我们没有下榻于此，而是住在距离摩纳哥20公里外的法国著名海滨度假胜地——尼斯。

Tips:

酒店：PARK INN BY RADISSON NICE AIRPORT（G）

地址：24 rue Costes et Bellonte Nice 06200

电话：+33 4 93183424

尼斯与戛纳

英国人散步大道

　　法国蔚蓝色海岸指的是法国南部地中海沿岸地区，这里星罗棋布般地坐落着许多小城镇，其中尼斯、戛纳最为出名，而且也靠得很近（摩纳哥、尼斯、戛纳间距都在20—30千米）。我们顺路而过，择其景点，留下靓影。就城市建筑、街景外观，尼斯和戛纳真是差不多，都是沿着海滨大道，一边是宾馆商店，一边是沙滩浴场。就城市规模，尼斯是法国第五大城市，戛纳则是要小得多。就历史文化遗迹，尼斯要厚重得多，10世纪时就是法王朝普罗旺斯伯爵的领地，而在19世纪初戛纳还是一小渔村，可惜我们行程受限，没有寻访历史遗迹。就电影界、电影爱好者而言，戛纳可能又要出名些。其实蔚蓝色海岸还有一座名城——马赛，距离稍微远了些，尼斯到马赛大概250公里。我们没有到访这座法国第二大城市，稍有遗憾。

尼斯（Nice）跟英文形容词"nice"（美好的，愉快的；友好的，亲切的；风景秀丽的；惬意舒服的），是一个词，这么美好的形容词不知道是否出自这座美丽的城市。我们是离开摩纳哥夜宿尼斯的，早上起来就在尼斯最美丽的海滩、著名的"英国人散步大道"和市中心马塞纳广场附近散步。

所谓"英国人散步大道"，其实就是早年英国侨民在这里居住并筹款修建了这条滨海大道。如今这条路是游客观光看海，尼斯人跑步锻炼、散步遛狗的好去处。

矗立于阿尔贝托一世花园的尼斯百年纪念碑是为了纪念1793年2月4日尼斯归属法国的法令。纪念碑建成于1896年，碑的顶端是一尊带有双翼的胜利女神雕像，她一手拿着酒壶，一手拿着金杯，基座上有一组雕像，寓意尼斯回到法国的怀抱。

马塞纳广场是尼斯市中心广场。太阳神喷泉（Fontaine du Soleil）是广场的主要标志物。马塞纳广场的南面是尼斯老城，北面是让·梅德桑大街，中央部分覆盖着帕隆河河床，西面毗邻阿尔贝托一世花园。查询了一下，安德烈·马塞纳（1758—1817）是拿破仑1804年称帝时授予的18位元帅之一，而且拿破仑称赞马塞纳英勇善战、功劳最大。马塞纳出生于尼斯，城市名人荣归故里，古今中外概莫能外。尼斯老城还有圣母教堂、马塞纳博物馆等历史遗迹，因为时间关系没有前往。匆匆结束尼斯观光，乘车前往戛纳。

马塞纳广场

夏纳（Cannes）原来是一个小渔村，风景优美、气候舒适，跟尼斯相比这里才有真正意义上的沙滩。夏纳成为电影节举办地后，逐步热闹起来。每年的五月，电影节期间酒店非常拥挤，平时却有些冷清。我们是4月29日到的，已经有些节日气氛了，尤其是被称为"电影节海滩"（Cinema de la Plage）的地方，游客晒日光浴的奇特景象，让初来乍到的中国人有些"见怪"。

电影宫

电影节徽标

电影宫是一座综合性建筑，包括夏纳游客中心、德布希剧院、赌场、地下停车场等。电影宫——世界著名的夏纳电影节主办地，电影金棕榈奖就在此颁发。每年五月中旬影星们、影迷们、影商们蜂拥而至会聚尼斯。巨大广告牌的建筑前就是电影节开幕仪式走红地毯的广场，"全世界的人都来了。你还在等什么？"的广告语既为电影节彰目，更为尼斯招揽生意。

有"驴友"感叹：如果晚来半个月也许能碰上电影节开幕式，也许在滨海大道遛弯跟哪个大明星不期而遇，也许会拍到哪位"维纳斯"、"大卫"海滩晒日光浴……"也许"只是个专说，毕竟老夫们已经过了追星的妙龄，即便"艺谋"、"巩俐"擦肩而过，我们也未必回头。尼斯、戛纳一带的蓝色海岸是欧洲人休闲度假的地方，中国游客可以匆匆而过，领略风土人情、阳光沙滩。不过说到海滨沙滩如果比较沙细、沙白，这里还比不上海南三亚，尤其是尼斯只能说是海滩或石子滩。不过要说裸露人体的海滩这里倒是一道风景线！据说"戛纳电影节海滩"在偏僻的地方专门辟出一块海滩用于"天体浴"。中国人现在也见怪不怪了。

整个西欧以及北欧，经过漫长的冬季，缺少温暖阳光。到了夏季，地中海一带阳光灿烂、鸟语花香，对于他们来讲，度假最方便的就是到法国南部"蔚蓝色海岸"。"蔚蓝色海岸"被认为是世界上最奢华和最富有的地区之一，众多富人、名人豪宅院落汇集于此。衣我孤陋寡闻，欧美富人以白种人居多，他们生性爱晒日光浴，并以此为健康富有的标志。我也走过不少欧美国家的海滨城市，从来没见黑人脱光衣服趴在沙滩上晒太阳，而我们黄种人尤其是华人女子太阳底下总爱打把阳伞，生怕皮肤晒黑了！借赵本山小品说词：都是人，差距怎么那么大呢？

戛纳电影节海滩

不得不看

夏纳国际电影节，港台人译作"康城（坎城）国际电影节"，创立于1939年，是当今世界最具影响力、最顶尖的国际电影节之一，与威尼斯国际电影节、柏林国际电影节并称为欧洲三大国际电影节，最高奖是"金棕榈奖"。夏纳电影节每年定在5月中旬举办，为期12天左右，通常于星期三开幕，隔周星期天闭幕。其间除影片竞赛外，影片展销亦同时进行。20世纪30年代末，法国有感于当时德国、意大利高涨的法西斯主义气焰，特别是德国宣传部长约瑟夫·戈培尔在1936年大力运作莱尼·里芬斯塔尔拍摄当年的柏林奥运会，之后便成为1938年的纪录片《奥林匹亚》，强势入围1938年的威尼斯电影节并还一举夺下最佳外国影片"墨索里尼奖"，于是法国公共行政及艺术部长尚·杰伊（Jean Zay）接受菲利普·艾蓝杰（Philippe Erlanger）的建议，决定在夏纳创立新的国际电影节，第一届电影节全名为"国际电影节"。

我国改革开放后，中国大陆的电影也开始跻身夏纳，1990年，张艺谋《菊豆》获得首届"路易斯·布努埃尔奖"。

1993年，陈凯歌《霸王别姬》获"金棕榈"大奖。

1994年，张艺谋《活着》获得评审团大奖，葛优获最佳男主角（首位华人夏纳影帝）。

1995年，张艺谋《摇啊摇，摇到外婆桥》获第48届夏纳"最高技术大奖"。

1999年，陈凯歌《荆轲刺秦王》获得夏纳"最高技术大奖"。

2004年，张曼玉《清洁》（法国电影）摘夏纳最佳女主角桂冠（首位华人夏纳影后，首位亚洲夏纳影后）。

2005年，巩俐获得"夏纳特别大奖"。

不是说要"三个代表"嘛。如此这般，也是先进文化的前进方向的代表吧！

尼斯百年纪念碑

阿维尼翁

　　普罗旺斯（Provence）历史上曾为罗马帝国的一个行省，现在是法国东南部一大块地区的统称。这里是世界闻名的薰衣草故乡、优质葡萄酒的产地。普罗旺斯地区物产丰富、阳光明媚、风景优美，区域内有好些逃过了世纪变迁的中世纪小村落和数座古朴典雅的老城，阿维尼翁（Avignon，港台人译为亚维侬）是其中最具代表的一座。它是一座历史文化积淀深厚和有着神秘面纱的宗教"圣城"。正因如此，阿维尼翁是法国南部普罗旺斯大区内唯一一座被列为世界文化遗产保护的历史古城。

　　阿维尼翁是我们南法之旅的最后一站。我们上午在尼斯、戛纳观光，午后乘坐4小时的大巴赶到阿维尼翁。当车到达老城外，首先被连绵不断的古城墙所吸引。据悉这座建于14世纪、19世纪重修的城墙，围绕老城完整一圈长达5公里，全

圣贝内泽桥

部用大块方石砌成，坚固而厚实，城墙上被雨水冲刷的痕迹，显得历经沧桑，瞭望塔和城门依旧保留完好，造型颇具特色。

　　到达景点，首先远眺"圣贝内泽桥"，又称"断桥"，是当地最重要的古迹之一。传说公元12世纪，少年贝内泽受到神灵启示，决定在罗讷河（Rhone，也译为隆河）上建一座桥。他独自将一块十几个人都抬不动的巨石搬到河边，确定了建桥的位置。在他的率领下当地民众历时8年终于将大桥建成。在很长的时间里，这座桥是罗讷河下游唯一的桥梁，往来于西班牙与意大利之间的朝圣者以及商人无不受益于这座桥。据说这座大桥本来长900多米，有22孔拱门，后来的500年间历经多次洪水损毁，又被多次修复，直到1668年夏季一次巨大山洪暴发，罗讷河河水泛滥，再次冲毁了大部分桥墩，人们才放弃重修，将仅存4孔的桥梁当作欧洲中

世纪建筑的杰作加以保留。由于法国民谣《在阿维尼翁桥上》"在阿维尼翁桥上，人们跳舞，在阿维尼翁桥上，人们围成圆圈跳舞……"广为流传，大桥声名远扬。传说中神奇的故事也给闻听者以梦幻灵感，而令人向往，站在断桥上举目回望阿维尼翁古城，沧桑美景不甚言表。但是我们没有上桥，而是一头钻进城门，直奔主题——教皇宫（Palais des Papes）。

　　现在的天主教徒都知道教皇的都城是梵蒂冈，但未必知道历史上在法国的南部罗讷河畔还有一座教皇之都，它就是阿维尼翁。这要追溯到13世纪末，由于罗马教派恶斗不休，威胁到了教皇的安全。在法国国王菲利普四世的安排下，1309年教皇克雷芒五世决定把教廷从罗马迁居到阿维尼翁。从1309年至1377年近70年的时间里共有7位教皇在这里居住过。教徒们也把阿维尼翁作为朝拜的圣地。即便是后来，教廷又迁回罗马，在后来的几个世纪中，这里依旧是罗马教皇的领地，直到18世纪"法国大革命"后才收归法国。

教皇宫

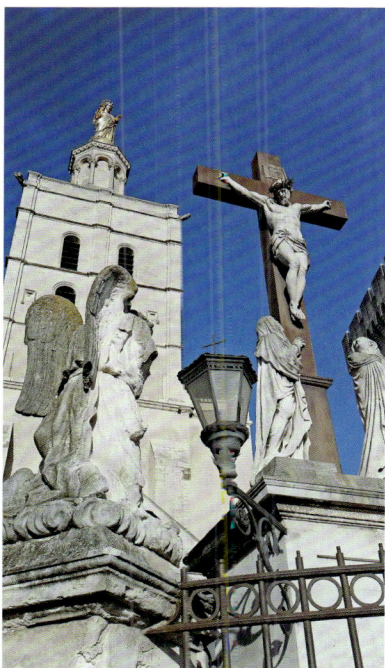

坐落在城市最高点的山岩上的教皇宫和圣母教堂庄严雄伟，浑然一体，凸显独特的气质。圣母教堂又称阿维尼翁主教堂，塔楼上一尊圣母金像高耸云端，俯瞰城郭，耀眼夺目。

阿维尼翁圣母教堂是阿维尼翁最高的建筑。站在城市任何角落都可以看到金光闪闪的圣母像。耶稣十字架与圣母像的空间组合，这样的教堂建筑风格还是非常独特的，至少我们此行在意大利、法国境内第一次见到，用宗教的解释肯定有道理。就我这个非教徒来说，"母仪天下"是最好的形容吧。

阿维尼翁主教堂

这里曾经是14世纪罗马教皇的居住地，罗马教皇历史上唯一的除梵蒂冈之外的皇城。据说这个建筑物是欧洲最古老的哥特式教堂。

这个包括周边村镇只有10万人口的小城市，中世纪的一段时光是欧洲天主教的圣城。站在教皇宫广场上（Place des sous le Palais ces Papes）仰望圣母玛利亚，会感受到宗教信仰的力量，眺望市政厅钟楼，仿佛时光倒流，回首小皇宫博物馆，漫步主教堂公园，放眼四野，没有任何现代建筑的痕迹。这大概就是普罗旺斯风光和阿维尼翁神奇的魅力所在吧。

圣母

行程安排紧，教皇宫就来不及进入参观了，据说宫廷内部恰似一座迷宫，大殿小厅相连，廊道迂迴曲折，宫内收藏名画珍品。一层是红衣主教会议厅，二层是宴会厅。近旁的圣约翰礼拜堂，墙壁上描绘有圣约翰一生的壁画，全部出自14世纪意大利名画家之手。可能是历史传承的缘故，阿维尼翁的艺术财富并不只限于它过去的宫廷壁画，自1947年起该市每年七八月间都要举办艺术节，成为艺术家的嘉年华会。大画家毕加索也不缺席阿维尼翁，他创造的一件颇有意味的作品，标志着他经验派写实画风朝现代派方向发展的开端，这部作品就是《阿维尼翁的少女》。如此这般，也是书上看到的，借此一说。

从阿尔卑斯山经里昂南流的罗讷河是法国第二大河流，在普罗旺斯附近分为两大支流，然后注入地中海。独特的地理气候使得普罗旺斯一带成为世界闻名的薰衣草故乡，阿维尼翁也是盛产这种植物的地方，可惜的是花季要在6至9月，我们无缘欣赏蓝紫色草原的美景，呼吸自然花季的芬芳。女"驴友"们只能在小店铺买点薰衣草精油、香包、香皂之类，也算闻到了薰衣草陈年往事的味道。

市政厅夜景

青年人热闹非凡的歌舞表演

　　游完景点已近黄昏，入住酒店又来一小插曲。我们预定的是克鲁尔特圣路易斯（Hotel Cloitre Saint Louis）四星级古堡酒店，网上标间价格约1200人民币/天。酒店其实位置很好，就在城中的主路——共和国大道上，而一位好心人给我们指错了方向，来到一个二星级旅馆，大家都觉得不对，小旅馆的店员更是一脑子"浆糊"，四星级酒店正门近在咫尺，却被他指引得我们拖着行李箱，绕了一圈，从酒店后门进店，真是一次哭笑不得的经历。由此得出的教训是在法国用英语问路可要当心！

　　这是南法此行唯一住在城镇中心的酒店，放下行李还不到8点，夫妇俩觉得应该出去散步走走，于是出酒店正门，沿着贯通老城南北的共和国大道向北走了约十几分钟，又回到傍晚去过的教皇宫。夜幕下的皇宫广场空无一人，如神鬼不附一样。正值周末，途经市政厅钟楼广场看了一会儿当地青年人热闹非凡的歌舞表演，顺路在家乐福超市买了点"便宜货"。

　　第二天一早，据"驴友"勘查考证下来，这个酒店的古典建筑院落已经有400年以上的历史了，庭院深深，回廊悠长，古风韵味。据悉阿维尼翁老城里只有1.5万居民，为了保护古城风貌，政府鼓励老房保护，并且提供财政补贴，所以才有许多古典建筑得以完整保存。结束阿维尼翁的行程，也该到"南法之旅"落幕的时候了。我们将乘坐法国高铁去时尚之都巴黎，取道回国了。埃菲尔铁塔、卢浮宫、凡尔赛宫、圣母院、塞纳河，这一连串闻名遐迩的景点已经为国人所熟知，老佛爷百货、春天百货更是国人疯狂"血拼"（中国人翻译英文总是那么贴切，"shopping"本意是购物）的战场，"驴友"达人们也是来过多次了，就不赘述了！

教皇宫广场